华夏二十年经典案例选

HUA XIA ER SHI NIAN JING DIAN AN LI XUAN

杨春松◎主编

时 事 出 版 社

纪念北京华夏物证鉴定中心
成立20周年

目　录

第二部　法医篇

附录

附件

总 序

司法鉴定是指司法鉴定人接受司法机关、仲裁机构或当事人的委托，依照司法鉴定程序，运用专门知识或技能对诉讼、仲裁等活动中所涉及的某些专门性问题进行检验、判断的活动。司法鉴定属于科学实证活动，具有法律性与科学性相统一的性质，其鉴定意见作为法定证据之一，对案件的裁决具有重要影响，是诉讼活动尤其是司法审判的重要保障。

党的十八大报告标志着我国法治建设已全面进入“深化法治”的发展阶段，进一步深化司法鉴定体制改革是我国司法制度建设的重要组成部分，司法鉴定工作在保障司法公正方面将发挥越来越重要的作用。

北京华夏物证鉴定中心自 1993 年经中华人民共和国司法部批准成立以来，已经走过了整整 20 年，是亲身经历和感受了我国司法鉴定体制改革与发展的 20 年，是不断自我完善、自我发展的 20 年。20 年来我们始终坚持独立、客观、公正、科学办案，为社会提供高质量的司法鉴定服务。

20 年来北京华夏物证鉴定中心接受人民法院、公安部门、检察院、安全部门、企事业单位、律师、社会团体及公民个人的委托，提供了大量的司法鉴定和司法鉴定咨询工作，为有效打击违法犯罪活动，保护人民生命财产，维护国家安全、构建和谐社会做出了积极贡献。

在北京华夏物证鉴定中心成立二十周年之际，出版《华夏二十年经典案例选》一书奉献给社会和广大读者，以回报社会各界长期以来对华夏物证鉴定中心的信任和支持。同时也借此机会感谢司法部司法鉴定管理局、北京市司法局司法鉴定管理处、北京司法鉴定业协会及同行们长期以来给与的指导和帮助。

同时也希望通过这些典型案例的分析，能让社会更多了解司法鉴定，了解如何运用司法鉴定手段维护合法权益。

考虑到保密性和个人隐私，案件中的委托人和当事人的真实姓名不能如实报道，望广大读者理解。

由于我们的水平有限，在选材和编写过程中的缺点和不足在所难免，恳请广大读者和同行不吝指正。

杨春松

于北京西三环北科大厦

2013 年 6 月 18 日

序言一

祝福和希望

翟建安

北京华夏物证鉴定中心二十岁了，借此机会表示衷心的祝贺！

时间过得真快，转眼间二十年了。我见证了她由成立到成长一路的艰辛。现在总算是打下了根基，有了新的办公环境，增加了办公面积，建立了国内一流的司法鉴定实验室，通过了国家级实验室认可、检查机构认可和资质认定，培养了一大批年轻的司法鉴定人才，取得了一定成绩。我真诚地祝福！

我们要有梦想，成绩已成为往事，要着眼于未来，光辉的未来！成为物证鉴定的百年诚信老店，服务社会，造福人民，这就是华夏物证鉴定中心的梦想，也是华夏鉴定人追求的理想和目标。

要实现梦想需有很多因素，只提两条：

一、坚持实事求是：一就是一，二就是二；对就是对，错就是错。人言为信，求信于真。

二、努力培养人才：科学的鉴定出自好的鉴定人，好的鉴定人源于好德好学。拜托了！年轻人你们是华夏的希望！

老人说话唠叨，请宽容！

作者谨识

2013年6月于北京

序言二

祝北京华夏物证鉴定中心成立二十周年

二十春秋华夏业几多喜悦几多欢 立足
当前看长远与时俱进拓创新 续研
科技求发展诚信第一为人民细心辨
证鉴物证中心事业更辉煌

詹攀村贺 二〇一三年
六月

序言三

庄洪胜

北京华夏物证鉴定中心自1993年司法部批准成立以来，已经圆满走过20年的光辉历程。在庆祝成立20周年之际，我们精心挑选了20个有代表性的疑难典型案例奉献给广大读者，借此表达对司法鉴定主管机关、各兄弟司法鉴定部门及送鉴的各委托人的感谢！该书的出版也是对我们全体鉴定人员辛勤劳动的肯定。

纷繁的社会生活、紧张的工作压力、飞速的科技进步，在极大地方便了人们日常生活和生产的同时，也造成了环境恶化、心理疾病增多、亚健康状况普遍存在的负面效果，使得人身损害发生的机率大增。同时，随着社会经济发展，教育水平也得到普遍提高，人们的知识结构和层次不断延伸，其中法律意识的增强，运用法律手段维权的呼声和观念深入人心。

北京华夏物证鉴定中心在多年的司法鉴定实践中，主要以人身侵权案件及物证证据纠纷案件为主。其中人身损害案件有现实高发性，可能发生在每一个社会成员身上，也可能发生在任何场合、任何情况下。一个社会成员的社会生产生活中，离不开交通、医疗、饮食、居住、工作、学习，在这些环节中都可能存在着某种潜在的损害性危险，比如乘坐或驾驶交通工具发生交通事故、就医时发生医疗损害、工作中发生劳动事故、饮食中发生食物中毒、使用产品时发生产品责任伤害、在家中或者街上被刑事犯罪所伤害、意外被他人或他人饲养的动物咬伤等等，不一而足。可以说，风险时时处处都存在，有些损害虽然可以最大机率地去避免，但是不可能绝对消除危险，潜在的损害危险转化为实际损害是在所难免的。再者，随着我国各种法律法规的不断完善，尤其是新的刑事诉讼法、民事诉讼法及侵权责任法的颁布实施和司法审判制度的不断改革，对刑事案件、民事案件中相关人身伤害、物证证据的司法鉴定要求也越来越多。当发生了损害或出现了争议，面临着确定责任，寻求救济问题时，就需要对损害程度、原因作医学，特别是法医学上的判断，通过事实分析和法律评价确定责任归属，解决法律适用问题，以最大限度保护当事人的合法权益。

近年来，由于各学科间相互渗透，司法鉴定和物证检验技术都得到了飞速发展，新技术、新方法不断涌现，使鉴定技术得到了极大的提高和发展。华夏物证鉴定中心在总结实践经验的基础上，通过出版《华夏二十年经典案例选》，希望能让社会和广大读者了解司法鉴定。

世界法律发展史表明，案例（包括判例）对促进法律的发展，实现法律公正，提高司法效率具有一定的作用。归纳起来主要有：有助于人们更好地规范自己的行为，预防纠纷的发生；有助于提高司法工作效率，使用已确定的标准解决类似案件，既省时又省力；有助于司法统一，在合理范围内行使自由心证，帮助法官对案件事实真相的判断；有助于实现公平和正义原则，使今昔同类案件适用同样法律准则；有助于提供比制定法更具体的定罪量刑标准。

本书共分两部分，第一部分是物证篇，第二部分是法医篇。在案例的筛选和编撰上，笔者主要参考近年审判实践中较为有代表性的案件和社会比较关注的热点案件进行评析讨论。希望本书的出版可以为法律工作人员办案起到参考作用，也可以成为广大读者学习法律知识的有益补充，还可以作为有关行业工作人员、政法院校师生学习的参考资料。

鉴于法律具有社会科学的多样性和医学的变动性、差异性，加上笔者水平有限，本书编撰过程中的偏颇、疏漏之处在所难免，希望广大读者和司法鉴定业同行批评指正，共同探讨。

作者谨识

2013 年 5 月于北京

第一部

物证篇

一起普通的微量物证鉴定案，引爆全国主要媒体竞相报道

——邱氏鼠药中是否含有氟乙酰胺剧毒药品

1993年12月4日，受北京市海淀区人民法院委托，对送检的四份邱氏鼠药样品中是否含有氟乙酰胺剧毒药品进行鉴定。邱氏鼠药鉴定案是我中心成立后承接的第一起司法鉴定案，这是一起非常普通的微量物证鉴定案件，但就是这样一起普通的司法鉴定案件，却引爆了全国主要媒体的竞相关注和报道，一时间北京华夏物证鉴定中心成了全国媒体关注的焦点。

我中心是在1993年7月经中华人民共和国司法部批准成立的、在北京市西城区工商行政管理局注册登记的、具有独立法人资格的专业司法鉴定机构。我中心微量物证实验室无论是鉴定人员水平，还是在实验室环境及实验室仪器设备上均已达到了国内一流水平，承担过多起国内外重大项目的实验室分析检测工作。

一、背景资料

原告：邱满囤，男，汉族，河北省无极县政协副主席，河北省邱氏鼠药厂厂长。

被告：五位科学工作者。

早在20世纪90年代初，关于邱氏鼠药具有神奇的诱鼠和杀鼠功效已经在全国媒体上进行了报道，在社会上引起了广泛关注。1992年初，被告先后将从集市、摊点及一些单位收集的标有邱氏鼠药字样的不同包装样品的鼠药共计11个样品，送至军事医学科学院微生物流行病研究所进行定性分析，结果认为11个样品中均含有氟乙酰胺。被告便于1992年4月自发联名撰写了《呼吁新闻媒体要科学宣传灭鼠》一文，并寄送有关领导、全国各地有关部门及新闻单位。《中国乡镇企业报》于1992年6月17日以标题《要科学宣传灭鼠》摘要登载了此文。文章在报刊上公开发表后，原告认为文章对其进行诽谤、污辱，并对其名誉、身心造成了极大的痛苦和伤害，同时也严重损害了邱氏诱鼠剂和邱氏鼠药在社会上的声誉，给河北省邱氏鼠药厂造成很大的经济损失。为此，原告在北京市海淀区人民法院起诉被告，要求被告停止侵害、消除影响、恢复名誉、公开赔礼道歉并赔偿经济损失等，以维护原告的合法权益。

本案的争议焦点是邱氏鼠药中是否含有氟乙酰胺，那么氟乙酰胺到底有多大毒性，能造成怎样的危害，为什么我们国家和世界其他国家都禁止使用，我们先来了解一下这个氟乙酰胺。

氟乙酰胺（fluoroacetamide）：又名敌蚜胺、氟素儿等。纯品为无味的白色结晶，挥发性小，易溶于水及有机溶剂，不溶于脂类溶剂。它可经消化道、皮肤、呼吸道吸收。在体内代谢排泄缓慢，易致蓄积中毒。氟乙酰胺是较早合成的杀鼠剂，不仅对老鼠高效，而且对多种动物产生极毒作用，尤其对猫、狗毒性高，属剧毒类农药，因无味使动物丧失警惕性，易造成二次中毒，猫吃了用氟乙酰胺杀死的老鼠也会中毒致死，鸟吃了用氟乙酰胺杀死的害虫也会被毒死，猫和狗吃了死鸟也会中毒致死。因此，包括中国在内的世界各国早已禁止使用氟乙酰胺！

二、委托鉴定

因未能就被告收集的 11 个鼠药样品是否确实来源于河北省邱氏鼠药厂提供充分有效证据，诉讼期间，被告举证提出，被绥芬河工商局查封并扣押在绥芬河边贸仓库的 20 吨河北省邱氏鼠药厂 1991 年 10 月生产的邱氏鼠药及北京市南小街邱氏鼠药厂驻京办事处存放的邱氏鼠药均含有氟乙酰胺。随后，北京市海淀区人民法院对上述两地及河北省邱氏鼠药厂仓库内存放的邱氏鼠药进行现场取封样品。1993 年 5 月 14 日，海淀区人民法院又在河北省涿州市郊组织的邱满囤现场诱杀老鼠演示活动中，当场提取原、被告共同签封的邱氏鼠药样品。

1993 年 12 月 4 日，北京市海淀区人民法院将上述四地封存的邱氏鼠药样品委托我中心进行鉴定，鉴定四份邱氏鼠药样品中是否含有氟乙酰胺。我中心受理委托后，对送检的四份邱氏鼠药样品利用气质联用技术、红外光谱分析技术和氟 19 核磁共振技术进行分析检测，结果认为：送检的四份邱氏鼠药样品中均不含有氟乙酰胺及其化合物。最终，北京市海淀区人民法院依据我中心的司法鉴定结果，判决原告胜诉。

三、出庭质证

可事件还远没有结束，不仅被告不服，上诉到北京市中级人民法院，而且全国各大媒体也在竞相报道。一时间北京华夏物证鉴定中心成了事件的焦点。但我中心始终坚信我们的鉴定结论是完全客观、科学、正确的，是经得起国内同行和专家的质疑和检验的。

北京市中级人民法院在审理该案时，为了弄清事实，要求我中心鉴定人员出庭接受法庭质证，同时法院也邀请了一些国内知名专家到庭参与对我中心鉴定结论的质证。按照法庭的质证程序，我中心鉴定人员当庭将我中心的鉴定过程、鉴定方法、所用仪器设备等进行详细陈述，同时在法庭上将我中心全部的实验记录和实验数据、谱图等进行了展示和说明，并详细回答了专家提出的各种问题，最终法庭质证认为，我中心的鉴定结论是客观的、科学的。

1995 年 2 月 22 日，北京市中级人民法院作出终审判决：被告文章并未侵害邱满囤的名誉权。但同时表示，关于“邱氏鼠药”是否含氟乙酰胺的确认问题，以由国家行业管理的主管部门调查、确认和处理为宜，本案不予认定和处理。至此，这起沸沸扬扬两年多的讼案画上了句号。

四、案后思考

“邱氏鼠药”案虽然已经过去了 20 年，但仍然给我们留下很多值得思考的地方。

1993 年除公安、法院和检察院系统鉴定机构外，当时全国只有八家能够面向社会提供司法鉴定的机构，这八家司法鉴定机构均是由司法部批准成立的，但当时社会上对这些鉴定机构及其做出客观、科学的鉴定结论还缺乏了解和认知，因此，“邱氏鼠药”案一审判决后，有的媒体没有通过对案件的真实情况进行调查后再做客观公正、实事求是的报道，不仅误导了社会，而且对人民法院、鉴定机构和当事人都是不负责任的。

随着我国司法鉴定体制改革的不断深入，特别是《全国人民代表大会常务委员会关于司法鉴定管理问题的决定》的实施，对司法鉴定机构的管理更加严格、更加科学、更加规范。社会对司法鉴定机构的认知度也越来越高，这是我国司法鉴定体制的一大进步。

司法鉴定意见是根据委托人提供的鉴定材料做出的，因此鉴定意见具有相对性和局限性，同样一个案件，由于鉴定材料不同，可能会出现不同的鉴定意见。在邱氏鼠药案中，原、被告双方争论的焦点是邱氏鼠药中是否含有氟乙酰胺，被告收集的 11 份样品中经检测均含有氟乙酰胺，而北京市海淀区人民法院提取的 4 份样品中经我中心检测均不含有氟乙酰胺，之所以产生鉴定结论不一致，是因为被告收集的 11 份“邱氏鼠药”与北京市海淀区人民法院提取的 4 份邱氏鼠药样品来源不同。

证据是司法公正的前提和基础，但证据的获得要严格按照法律程序进行。本案在一审判决中，被告收集的 11 份“邱氏鼠药”样品是自行在集市、摊点和一些单位收集的，显然无法证明这 11 份鼠药样品就是河北省邱氏鼠药厂生产的，因此这 11 份“邱氏鼠药”样品作为证据缺乏客观性、公正性和真实性，如果当初被告在收集“邱氏鼠药”样品时严格按照法律程序进行，也许就不会发生后来的诉讼了。

当然我们相信，被告作为科学工作者出于对社会的高度责任感，呼吁要科学宣传灭鼠，并强烈要求在鼠药中禁止使用氟乙酰胺是完全正确的。

2012 年 8 月 31 日，第十一届全国人民代表大会常务委员会第二十八次会议通过了《民事诉讼法》修正案，新的《民事诉讼法》将“鉴定结论”改为“鉴定意见”不仅体现了司法鉴定活动的专业性与技术性，也表现了其作为一种法定证据应有的地位。

“鉴定意见”是具有司法鉴定资质的鉴定人根据委托人提供的鉴定材料，按照司法鉴定程序，运用其专业知识、依据鉴定方法、仪器设备等对专门性问题（委托事项）进行检验、判断的活动。因此“鉴定意见”的客观性、真实性与鉴定材料的客观性、真实性，鉴定人的专业知识，依据的鉴定方法，采用的仪器设备是否先进等息息相关。

是华南虎，还是纸老虎

一、背景资料

2007 年 10 月 12 日，陕西省林业厅宣布陕西发现华南虎，并公布据称为陕西省安康市镇坪县城关镇文采村村民周正龙于 2007 年 10 月 3 日冒险拍摄到的华南虎照片。这是一个令人振奋的消息，绝迹 24 年的华南虎又重现了。这组照片的珍贵，在于它不仅有力地证明野生华南虎在中国境内没有灭绝，更说明当地极可能存有一个野生华南虎的繁殖小种群。

但这一轰动性的消息随即受到质疑，认为照片上华南虎是假的。

2007 年 10 月 19 日，中国科学院植物研究所种子植物分类学创新研究组首席研究员傅德志称，自己以一个从事植物研究二十余年的权威科学家的身份，“敢以脑袋担保”照片有假。虎照有假立即引起了社会的广泛关注，此后很多学者、摄影爱好者、网民等纷纷发表自己的看法证明虎照有假。

2007年10月29日，国际野生动物保护组织首次就华南虎照片事件发表声明，称照片中华南虎的反应不合常情。

2007年11月11日，世界权威科学杂志《科学》正式刊出极具争议的华南虎照片，但该杂志并未对照片真假下定论。

2007年11月15日，媒体透露，国家林业局4位专家到达镇坪县，开始对华南虎存在的真实性进行野外考察。

2007年11月16日，一网友称"华南虎"的原型实为自家墙上年画中的老虎。

2007年11月21日，陕西省林业厅首次回应年画老虎，建议通过刑事调查等渠道解决年画老虎与周正龙拍摄的照片之间引发的争议。

其实，"华南虎"事件争论的焦点是周正龙拍摄的"华南虎"是否为真实的野生华南虎，即究竟是华南虎，还是纸老虎。

二、委托司法鉴定

就在"华南虎"真伪事件争论不可开交之际，广州网易互动娱乐有限公司于2007年11月26日委托我中心对其提供的40张"野生华南虎"数码照片上的"华南虎"真伪进行司法鉴定，同时还提供了由浙江义乌威斯特印刷厂印制的"鑫龙墙画TQ8301"年画原件一张，年画上卧有一只老虎。

三、司法鉴定揭露真相

接受委托后，我中心司法鉴定专家对40张"野生华南虎"

照片进行了技术分析，并得出了用于拍摄华南虎照片的相机型号、相机序列号、拍摄时间、焦距及闪光灯使用情况等信息。通过对照片的分析，我们发现有两个重大疑点：一是有一张照片使用了闪光灯（自动、红眼）进行拍摄的，如果是真的野生华南虎，拍摄者敢用闪光灯面对面拍摄老虎吗？二是老虎照片是在 2007 年 10 月 3 日 16：38：28—2007 年 10 月 3 日 17：03：08 期间拍摄的，在 20 多分钟的时间里，这只“野生华南虎”纹丝不动地让人拍摄，可能吗？即便是经过驯服的老虎也是不可能做到的。

同时我中心专家还对照片上的“野生华南虎”与年画上的老虎进行比对鉴定，发现两者的卧姿和身上的条纹完全一致，众所周知，老虎身上的条纹具有唯一性，也就是说，不可能有两只老虎身上的条纹是完全一致的。

综上分析可以认定：照片上的“野生华南虎”就是年画上的老虎，是纸老虎！

我中心《司法鉴定书》发出后，立即引起了社会上的广泛关注和好评，同时全国各大媒体（包括香港、澳门）都进行了报道，其中 2007 年 12 月 3 日搜狐新闻网报道：华夏物证鉴定中心、中国摄影家协会、神探李昌钰一致认为，周老虎是平面的假老虎。中央电视台 12 频道《中国法制报道》栏目就“华南虎事件”，于 2008 年 6 月 29 日采访了我中心主任杨春松。

四、尘埃落定发人深省

历时八个多月的“华南虎照”事件，终于在全国人民的关注和追问下真相大白，尘埃落定。出来宣布这场闹剧落幕的是陕西省林业厅、公安厅和监察厅，结果是主角周正龙以涉嫌诈骗被判入狱并处罚金、13名官员被免职或处分。曲终人散，各方势力纷纷退居幕后，观众惊讶地发现，聚光灯下唯一成为罪犯的只是一个看似朴实的陕西老农民。但更令人叹息的是，这场低劣的、早就应该收场的造假闹剧却沸沸腾腾地上演了八个月之久，然后匆匆落幕。在今天这样一个科技发达的时代，居然用了整整八个多月的时间才核实了“周老虎”是“假老虎”的事实，实在令人很费解。

为什么“华南虎事件”会引起这样的广泛重视和关注，我们先来了解一下华南虎。

华南虎是我国特有的亚种虎，生活在我国中南部，也叫做中国虎。识别特点：头圆，耳短，四肢粗大有力，尾较长，胸腹部呈乳白色，全身橙黄色并布满黑色横纹。在亚种老虎中体型较小的华南虎，是中国十大濒危动物之一，曾广泛分布于华东、华中、华南、西南的广阔地区，以及陕西、陇东、豫西和晋南的个别地区。

2000—2001年，国家林业局和WWF（世界自然基金会，World Wide Fund For Nature）进行的全国野生华南虎及其栖息地大规模调查搜索过程中没有看见一只野生虎的身影。在这次调查之后，国外一些学者认为野生华南虎已经灭绝。

2007年冬季，华南濒危动物研究所开展了“粤北野生华南虎野外调查”项目，但最终未发现野生华南虎存在的痕迹。

如今，野生华南虎存在的可能性已经微乎其微，很多专家都认为，华南虎已于野外灭绝。

华南虎为国家一级保护动物。1996年被国际自然保护联盟列为极度濒危的十大物种之一。于1981年被列入CITES（《濒危野生动植物种国际贸易公约》，Convention on International Trade in Endangered Species of Wild Fauna and Flora，亦称华盛顿公约）公约附录Ⅰ保护名单。

如果真的发现被专家认为已经灭绝的野生华南虎，其意义是可想而知的。也许正是因为发现野生华南虎意义重大，才使造假者铤而走险。

在这场闹剧中，造假者文化水平不高，使用的造假手段也很低劣，只要通过技术鉴定就完全可以戳穿这场骗局。“周老虎”迟来的真相，刺痛的不仅仅是因此受处理的公务人员，还有那些一直关注此事的广大公众和整个社会。它对如何提高社会公信力、如何根除造假事件发生、如何应对热点事件等等，留下许多值得思考的东西……

本案检测数据如下：

一、拍摄华南虎数码相机相关信息

1. 对检材 40 张数码照片进行检测，未发现有篡改伪造操作痕迹。

2. 数码照片所用相机：Canon EOS 400D DIGITAL。

3. 相机序列号：FFFF8007－019A3。

4. 拍摄时间、闪光灯使用情况、焦距检测结果如下：

序号	照片名	拍摄时间	图像内容	闪光灯使用情况	焦距
1	华南虎 001.jpg	2007.10.3.9：39：11	老虎脚印	未使用闪光	28mm
2	华南虎 002.jpg	2007.10.3.9：40：24	老虎脚印	未使用闪光	28mm
3	华南虎 003.jpg	2007.10.3.9：40：39	老虎脚印	未使用闪光	28mm
4	华南虎 004.jpg	2007.10.3.9：41：04	老虎脚印	未使用闪光	28mm
5	华南虎 005.jpg	2007.10.3.9：47：42	老虎脚印	未使用闪光	31mm
6	华南虎 006.jpg	2007.10.3.16：38：28	老虎正面（清晰）	未使用闪光	35mm
7	华南虎 007.jpg	2007.10.3.16：38：51	老虎正面（模糊）	未使用闪光	24mm
8	华南虎 008.jpg	2007.10.3.16：38：57	老虎正面（模糊）	未使用闪光	24mm
9	华南虎 009.jpg	2007.10.3.16：39：59	老虎正面（模糊）	使用闪光（自动，红眼）	24mm
10	华南虎 010.jpg	2007.10.3.16：41：59	老虎正面（模糊）	未使用闪光	18mm
11	华南虎 011.jpg	2007.10.3.16：42：29	老虎正面（模糊）	未使用闪光	40mm
12	华南虎 012.jpg	2007.10.3.16：42：40	老虎正面（清晰，有遮挡）	未使用闪光	39mm
13	华南虎 013.jpg	2007.10.3.16：48：24	老虎正面（模糊）	未使用闪光	39mm
14	华南虎 014.jpg	2007.10.3.16：49：10	老虎（模糊，有遮挡）	未使用闪光	27mm

续表

序号	照片名	拍摄时间	图像内容	闪光灯使用情况	焦距
15	华南虎 015. jpg	2007. 10. 3. 16：49：19	老虎（模糊，有遮挡）	未使用闪光	55mm
16	华南虎 016. jpg	2007. 10. 3. 16：49：25	老虎（模糊，有遮挡）	未使用闪光	55mm
17	华南虎 017. jpg	2007. 10. 3. 16：49：28	老虎（模糊，有遮挡）	未使用闪光	55mm
18	华南虎 018. jpg	2007. 10. 3. 16：49：45	老虎（模糊，有遮挡）	未使用闪光	27mm
19	华南虎 019. jpg	2007. 10. 3. 16：49：49	老虎（模糊，有遮挡）	未使用闪光	27mm
20	华南虎 020. jpg	2007. 10. 3. 16：49：52	老虎（模糊，有遮挡）	未使用闪光	27mm
21	华南虎 021. jpg	2007. 10. 3. 16：51：41	老虎正面（模糊）	未使用闪光	43mm
22	华南虎 022. jpg	2007. 10. 3. 16：51：43	老虎正面（模糊）	未使用闪光	43mm
23	华南虎 023. jpg	2007. 10. 3. 16：52：05	老虎正面（模糊）	未使用闪光	46mm
24	华南虎 024. jpg	2007. 10. 3. 16：52：21	老虎正面（模糊）	未使用闪光	46mm
25	华南虎 025. jpg	2007. 10. 3. 16：52：31	老虎正面（清晰，有遮挡）	未使用闪光	46mm
26	华南虎 026. jpg	2007. 10. 3. 16：52：32	老虎正面（清晰，有遮挡）	未使用闪光	46mm
27	华南虎 027. jpg	2007. 10. 3. 16：54：25	老虎正面（清晰）	未使用闪光	41mm
28	华南虎 028. jpg	2007. 10. 3. 16：56：04	老虎正面（清晰，有遮挡）	未使用闪光	41mm
29	华南虎 029. jpg	2007. 10. 3. 16：56：10	老虎正面（清晰，有遮挡）	未使用闪光	41mm
30	华南虎 030. jpg	2007. 10. 3. 16：56：12	老虎正面（清晰，有遮挡）	未使用闪光	41mm
31	华南虎 031. jpg	2007. 10. 3. 16：58：14	老虎正面（清晰，有遮挡）	未使用闪光	28mm

续表

序号	照片名	拍摄时间	图像内容	闪光灯使用情况	焦距
32	华南虎 032.jpg	2007.10.3.16：59：38	老虎正面（清晰，有遮挡）	未使用闪光	43mm
33	华南虎 033.jpg	2007.10.3.16：59：40	老虎正面（模糊）	未使用闪光	43mm
34	华南虎 034.jpg	2007.10.3.16：59：44	老虎正面（清晰，有遮挡）	未使用闪光	27mm
35	华南虎 035.jpg	2007.10.3.16：59：45	老虎正面（清晰，有遮挡）	未使用闪光	27mm
36	华南虎 036.jpg	2007.10.3.17：00：54	老虎正面（清晰）	未使用闪光	27mm
37	华南虎 037.jpg	2007.10.3.17：02：01	老虎正面（模糊）	未使用闪光	31mm
38	华南虎 038.jpg	2007.10.3.17：02：03	老虎正面（模糊）	未使用闪光	31mm
39	华南虎 039.jpg	2007.10.3.17：02：42	老虎正面（清晰，有遮挡）	未使用闪光	31mm
40	华南虎 040.jpg	2007.10.3.17：03：08	老虎正面（清晰，有遮挡）	未使用闪光	34mm

二、华南虎部分照片、年画及比对检验结果见本书附件一

小心拍卖会上“高仿真书画”陷阱

——一起倍受关注的艺术品拍卖纠纷案鉴定

随着国内书画拍卖行情的快速升温，书画作品已经跨入“亿元时代”，但与此同时，在巨大利益的驱使下，各种五花八门、花样翻新的书画造假伎俩也相继出现。尤其是近几年，随着现代化大型精密印刷、打印设备的出现，一种以“高仿真书画印刷品充真”的造假手法频频出现，许多印刷品已纷纷涌进拍卖会和书画市场，不仅给广大收藏爱好者造成极大的经济损失，也搅乱了艺术品市场的健康发展。

一、案情简介

2010 年 5 月中旬，H 先生在一次由国内一家著名拍卖公司举办的春季拍卖会上拍得三幅古书画作品。随后 H 先生咨询了有关专家，认为这三幅古书画作品不是手绘的，而是印刷品。因此，H 先生认为拍卖公司将现代高科技仿真印刷品作为古书画作品拍出，构成欺诈，要求拍卖公司退画并进行赔偿。但拍卖公司认为这三幅古书画作品不是印刷品，拒绝退还和赔偿。最终，H 先生将拍卖公司告上法庭，某市区人民法院受理了此案。

二、委托鉴定

本案的关键是要对这三幅古书画作品是否为印刷品进行司法鉴定。考虑到被告是国内非常著名的拍卖公司，且本案的鉴定对象是书画作品，而非常见的合同、协议等文书，因此法院和当事双方对多家司法鉴定机构是否有能力鉴定此案进行了咨询和调查。最终选定委托北京华夏物证鉴定中心对三幅古书画作品进行司法鉴定。

2010 年 11 月 25 日我中心接受法院委托后，开始与 H 先生（原告）和拍卖公司（被告）进行联系，要求把三幅古书画作品送到我中心进行鉴定。但原、被告双方并没有及时将三幅书画作品送来进行鉴定，而是继续向其他鉴定机构和相关专家进行咨询，同时也来我中心进行考察和司法鉴定技术方面的咨询，我中心专家耐心地向他们作了认真答复，打消了他们的顾虑。2011 年 1 月 4 日，原、被告双方一起来到我中心对三幅古书画作品进行交接，三幅古书画作品是：

1. 《山水画册》一册。

2. 《行书手卷》一幅。

3. 《××××图立轴》一幅。

因作品要留在我中心进行鉴定，故经双方同意，我中心鉴定人员对每幅作品进行拍照、签字确认，固定证据，以避免在鉴定完成后交接作品时出现争议。

三、技术鉴定

三幅古书画作品正式交接后，我中心组织专家对这三幅作品进行技术鉴定。

传统的仿真书画采用木板水印技术、珂罗版印刷技术等对原稿进行复制。但近年来，出现一种使用高分辨率扫描仪和大型高精度喷墨打印机来复制书画作品的技术，这种方式复制的书画作品无论用肉眼分辨，还是使用普通放大镜进行观察，都无法与手绘作品进行区分，因此被称为“高仿真书画”。要对“高仿真书画”进行鉴定必须要了解各种印刷技术及印刷特征，并借助先进的仪器设备对这些特征进行发现和识别。

我中心专家通过对三幅古书画作品上笔墨微观分布状态、笔墨与纸张相互作用关系以及笔画交叉重叠特征等方面的检验分析，同时与各种技术仿制的书画作品进行相互比较，最终认定：三幅古书画作品中《山水画册》和《行书手卷》是手绘作品，《××××图立轴》是喷墨打印的“高仿真书画”。

鉴定过程中对三幅古书画作品检验结果见本书附件二。

四、出庭质证

鉴定报告出来后，法院将鉴定报告的副本送达给原、被告双方。被告拍卖公司表示不服，并指派相关人员、技术专家来我中心进行理论。据被告介绍，他们的技术专家曾经在日本专门学习、研究过书画仿制技术，他们的技术专家认为原告的三幅古书画作品均是手绘的，决不可能是印刷品或打印品。但我中心坚持认为我们的鉴定结论是客观的、科学的。我中心严肃声明，如对鉴定意见有异议可以理解，但要通过正常的司法程序进行，即可以通过法院与我中心进行联系，我中心可以对任何异议进行书面质证，也可以专家出庭质证。

2011 年 5 月中旬我中心收到法院的出庭质证通知书，要求我中心鉴定人员于 2011 年 5 月 30 日出庭接受法庭质证。我中心本着对案件高度负责任的态度，实事求是、客观、公正、科学的精神，认真准备出庭质证，把鉴定过程中大量的检测数据、照片和原始记录进行认真整理，力争把我们的鉴定过程、鉴定方法、鉴定依据等能够表达清晰、准确，使法官、原告及被告能够充分了解和认可。同时法官告诉我们开庭时会有很多记者也要参加。在此之前，已经有很多媒体记者要求对我中心进行采访，本着保密原则，都被我中心婉言谢绝了。

正当我们信心满满，整装待发，准备出庭质证之际，2011 年 5 月 27 日法院通知说 30 日的出庭质证取消了，原因是原、被告双方达成和解，不需要鉴定人员出庭质证。

事后了解到，原告 H 先生对我中心的鉴定意见非常满意，并对我中心表示感谢，但被告不服，坚持让我中心鉴定人出庭接受质证，但到最后一刻，也主动请求与原告进行和解，原告在被告满足其要求后也同意和解。最终，倍受各界瞩目的艺术品拍卖纠纷一案也就圆满地解决了。

五、案后思考

本案看似一起普通的个案，但 H 先生是幸运的，他通过法律手段维护了自己的利益，但又有多少人在拍卖会上购得赝品后而承受巨大的经济损失！

目前国际、国内书画市场行情快速升温，特别是名家名品已跨入“亿元时代”，各种花样翻新的书画造假形式相继出现。随着现代印刷技术的发展和日益完善，从传统的使用珂罗版印刷、木版水印方法来复制书画，到使用现代大型精密彩色印刷、打印技术进行仿制，使“高仿真书画印刷品”在书画市场中以假充真的现象屡见不鲜。

在这起案件的鉴定过程中，我们调查研究了各种高仿真书画印刷技术方法并对其仿制的书画作品进行了系统研究，摸索、总结出一套科学、严谨的检验鉴定方法。

通过这起案件，我们认为，在检验中必须坚持：

1. 以客观中立的态度对待检验

书画作品的市场价值和艺术价值不言而喻，但对于鉴定人员来讲，在了解必要的案情基础上也要排除作品价值以及其他鉴定结论的干扰，秉持客观、公正、科学的鉴定态度；要认真分析检材，做好鉴定的每一步工作；要有细心、耐心并且有攻克难关的信心。

2. 充分借助仪器观察和分析手段

对于高仿真书画的检验，仅仅依赖传统的放大镜、扫描仪等仪器设备已远远不够。在判断一幅书画是手绘作品还是印刷品时必须借助高分辨显微镜，观察笔画的微观墨迹细节特征，必要时还要借助激光拉曼光谱仪、显微红外光谱仪等仪器设备，对作品的纸张、油墨成分等进行检验分析。

3. 注重比对和分析细节特征

在对书画进行检验的过程中，要注重手绘作品与印刷品之间的细微差别：

手绘作品中笔画在纸张上纤维痕迹清晰，能够反映出毛笔在纸张上运动痕迹，并有笔墨沿纸张纤维渗透现象；笔画的细节特征清晰，笔画颜色变化过度自然、流畅；笔画在重叠部分层次清晰，有立体感；对于特殊宣纸上如蜡笺撒金纸，手书字迹墨汁不易渗入，个别笔画有墨汁收缩凝结现象。

高仿真书画的字迹笔画颜色单调，笔画墨迹平实、呆板，少见墨迹沿纸张纤维洇散现象；字迹笔画起收笔处笔墨痕迹不连续，缺乏连贯性；画面上的笔画在重叠部分立体感不充分。使用珂罗版印刷或木版水印制作高仿真书画存在套色不准的现象，色彩的再现力较差；使用喷墨打印制成书画在高倍率显微镜下能够看到墨点的分布形态。

4. 系统检验，综合分析

在对一副书画作品进行检验的同时，要注重对作品的纸张、油墨、签章的系统检验：纸张的年份，油墨的成分，签章有无盖印压力，包括装裱的技术等等。只有通过系统检验，综合分析，才能得到客观、科学的结论。

5. 注意书画作品上的防伪标识

在书画市场上，古书古画、名家名品价值连城，但一些当代书画翘楚的作品也渐渐成为收藏新锐。而这些当代书画作品上往往会有一些作者添加上的防伪标识，在仿制这类书画时可能会忽略这些防伪标识，在检验中发现和识别这些防伪标识，有助于对书画作品真伪的鉴别。

6. 随时了解和掌握现代印刷、打印技术发展动态

在印刷、打印科技迅速发展的今天，及时了解和掌握最新的印刷、打印技术、书画仿制技术、先进印刷、打印设备特点等，是保证书画作品鉴定工作客观性、全面性、科学性的必要条件。

利用现代化的设备仿制出来的高仿作品极其逼真，如果仅仅用肉眼观察是很难分辨的，即便用放大镜也很难判断真伪。这种仿制技术给书画鉴定提出了很高的要求。如果把如此逼真的仿制品拿到拍卖公司，拍卖公司很有可能无法判断真伪，把它当成真迹进行拍卖，这对于拍卖公司来讲存在巨大风险，对拍卖公司的信誉也会造成不良影响。同时对购买者来讲也同样存在巨大的风险，谁都不想花大价钱购买一个仿制品。

仿制和手绘有本质的差异，但要做出这样的判断，要求鉴定人员对书画作品的各种仿制技术有较为深入的系统研究，同时还要拥有各种先进的科学仪器设备。

以目前的司法鉴定情况来看，在法院审理书画鉴定案件的时候，书画鉴定专家的意见仅供参考，很难能成为证据，而司法鉴定机构通过技术手段完成的鉴定意见，就成了法院审判的重要依据。

两起发人深省的变造签名字迹鉴定案

一、案例一：被“移花接木”的报销单

签名笔迹检验在文件检验中占有重要地位，因为行政公文的签发、合同文件的签订、财务单据的报销、民间借贷活动等都需要当事人签名确认后才能生效、具有法律地位。正是因为签名笔迹在日常工作、经济活动中扮演重要角色，所以经常有人伪造他人的签名字迹从事各种违法犯罪活动。随着现代化办公设备的普及，伪造签名笔迹的手段越来越呈多样化，高水平的摹仿签名笔迹越来越成熟，甚至达到了乱真的程度。摹仿一个签名笔迹往往会得到巨大的利益，而如果失败所受到的惩罚却很小，因此促使一些心存不良目的之人铤而走险。下面是我中心受理过的一起变造签名笔迹的案件。

（一）案件背景

某单位领导的秘书赵某，因工作需要，在任职期间多次为领导报销各类工作单据。在此过程中，赵某发现领导每次都会一次性签发多张报销单，而会计对报销的账目从来不过问，于是他起了歪念头，开始偷着练习摹仿领导的签名笔迹。

经过一段时间的练习后，赵某摹仿的领导签名已经与领导亲笔签名非常形似，但是当在报销单上正式摹仿领导签名的时候总是因为心虚等因素导致写出的字迹不够连贯，连自己都觉得看不过去。于是他决定另辟蹊径，将其他材料上领导的签名笔迹复印到了报销单上移花接木。为了能够以假乱真，他还在复印的签名笔画上再用黑色签字笔仔细地描一遍。看着自己的“杰作”，赵某觉得毫无破绽，于是他将自己伪造的报销单和当天领导交办报销的其他单据一起送到了财务室。财务人员核实了报销单上的领导签字，手续也齐全，于是这一张伪装领导签字的报销单便如愿地兑了现。尝到一次甜头，赵某便得意忘形起来，胆子越来越大，直到案发前，他陆续伪造了多张报销单，贪念让他一步步走向违法犯罪的深渊。俗话说要想人不知，除非己莫为，一段时间之后，当财务人员向领导汇报工作时，此事暴露了。起初，赵某假装糊涂，拒不承认在报销单上做了手脚。最后，在我中心出具了司法鉴定意见后，铁证如山，他才如实交代了上面的犯罪事实及作案经过。

（二）委托鉴定

财务部门出现了“问题”单据，立即引起了单位领导的高度重视，为查明事实真相，决定委托北京华夏物证鉴定中心对“问题”报销单与真实报销单上“郭某某”签名字迹的笔墨成分及同一性进行司法鉴定。提供的鉴定材料如下：

1. 检验材料：标称时间为2006年7月5日的《报销单》原件一份，下称检材，检材下方“单位领导”签字处有“郭某某”签名字迹一个。

2. 样本材料：与检材同一天、真实的《报销单》原件六份，下称样本，每份样本下方“单位领导”签字处均有“郭某某”签名字迹一个。

（三）鉴定过程

（注：本案例检验结果见本书附件三——图1、图2）

接受委托后，我中心专家对检材进行初步检验，发现检材上“郭某某”签名字迹为黑色墨水硬笔书写，笔画周围有墨水污染痕迹。样本上“郭某某”签名字迹为黑色墨水硬笔书写，字迹书写流利、自然。

将检材与样本上“郭某某”签名字迹进行比对检验，发现两者书写整体布局特征一致，字的写法特征、笔顺特征相符合。进一步用VSC6000型文检仪和Leica DM2500P显微镜对检材上“郭某某”签名字迹进行检验，发现其签名字迹部分笔画运笔生涩、笔力平缓，笔画上墨水分布不均匀、不流畅，字迹书写有“形快实慢”、“貌合神离”的特点，且检材上签名字迹笔画墨迹不正常，笔画边缘及周围纸张空白处有散落的黑色墨粉颗粒。而正常的手写字迹笔画边缘干净、整洁。针对上面检验中的疑点，我中心专家使用VSC6000文检仪对检材上“郭某某”签名字迹的笔墨成分进行检验，发现同一笔画的不同位置笔墨成分有不一致的现象。结合笔画边缘的散落墨粉颗粒，我中心专家判断检材上“郭某某”签名字迹是经复印后再用黑色墨水笔涂描形成的。复印形成的笔画是碳粉颗粒组成，而涂描后的笔画上留有黑色签字笔墨水，两者对红外光的吸收特性不同，因此反映在 VSC6000 文检仪红外能谱上的成分曲线就会存在明显的差异。

（四）鉴定结论

检材上“郭某某”签名字迹是经复印后，再用黑色墨水笔涂描的伪造签名笔迹，不是郭某某本人所写。

（五）案后思考

被“移花接木”的报销单属于拼凑形成的变造文件，而报销单上的可疑签名字迹系经复印拼凑后又用黑色墨水笔涂描形成，从这个伪造手法上说，本案又是一起特殊的变造笔迹案例。由于本案采取了两种伪装手法，因此在检验中需要特别注意！

这类案件不同于其他笔迹鉴定案件，它是作案人利用自然书写的签名字迹材料，通过复印、重描手段伪造签名来实现文件的“合法效力”，达到其违法犯罪的目的。因此，在处理此类案件时要做到以下几点：首先，需要了解案情，弄清检材上的字哪些是原始的，哪些可能是被拼凑的，掌握案件的矛盾点，在检验过程中有的放矢。其次，需要研究检材是在什么情况下出现的，是从谁手里拿出来的，以及变造后的文件对谁有利。实践说明，收益最大的人作案嫌疑通常也最大。再次，认真研究检材中字迹的异常现象，如文件上字（行）间距不协调、墨迹色泽存在差异、纸张纤维被破坏、不整洁等。最后，利用现代先进的仪器设备和技术手段，进行综合检验分析，得出客观、公正、科学的鉴定意见。

签名笔迹具有字数少、易变化的特点，特别是由摹仿形成的签名笔迹，检验难度更大。由于书写字迹少，加之有目的而为之，因此摹仿人一般都能有意控制书写活动，伪装严密、摹仿逼真。

近些年来，摹仿笔迹的案件逐年增多。在市场经济条件下，人们追求物质生活无可厚非，但要通过自己的努力、奋斗来获得，如果通过非法手段不劳而获，最终会自食其果，甚至受到法律的制裁。天网恢恢，疏而不漏，真的假不了，假的真不了，司法鉴定人员凭着丰富的理论和实践经验，利用先进的现代科学技术手段一定会对种种造假行为进行客观、公正、科学的判断，还原事实真相。

二、案例二："谁动了我的《欠条》"

（一）案件背景

2007 年 1 月，新年的祥和还没持续几天，就被紧张的气氛所代替，某市检察院和市中级法院的工作人员，以及案件当事人双方一同来到我中心，拿出了一张非同寻常的《欠条》。

这是一起有关借款合同纠纷的案件，原、被告双方就该案的关键证据——一份落款人为金某的《欠条》产生异议。原告金某称自己从未在此《欠条》上签字，这份证据是被告陈某蓄意伪造的，而被告坚持称当时是亲眼所见原告金某签的字，原告理应承担相应的责任，还清欠款。双方为此争执不下，故诉至法院。

为此，市中级人民法院曾先后委托两家鉴定机构对涉案《欠条》上金某签名字迹真伪进行笔迹鉴定。第一家是省内的鉴定机构，在第一次鉴定过程中，金某曾电话询问鉴定结果，收到的答复是《欠条》上的签名不是金某所写。有了这个定心丸，金某便安心地等待正式报告出炉，心想着这个案子也就应该接近尾声了。但是等到开庭的时候金某傻眼了，法官宣读了鉴定报告，鉴定意见是"《欠条》上的签名是金某本人所写"。听了这个鉴定意见，金某立即表示不服，并且说在鉴定报告没出来之前，曾经询问过该鉴定机构，并得到明确答复"《欠条》上的签名不是金某所写"。由于出现前后矛盾使法官也犯难了。在金某的坚持下，法官同意再委托省外一家权威鉴定机构进行第二次鉴定。这次的鉴定结果是"《欠条》上的签名不是金某所写"，这个鉴定意见让金某很满意，他不用还钱了，但是被告陈某对此鉴定意见不服。出现两家鉴定机构完全相反的鉴定意见，让案件变得扑朔迷离，也使法院的审理工作再次陷入了僵局。

（二）委托鉴定

由于前两家鉴定机构的鉴定意见大相径庭，本着对案件高度负责任的态度，市中级人民法院决定委托北京华夏物证鉴定中心进行第三次鉴定，我中心接受委托后，给予高度重视。立即组织专家对涉案的《欠条》和提供的样本材料进行仔细、全面检验分析，不放过任何一个环节。

（三）鉴定过程

（本案例检验结果见本书附件三：图 3—图 9）

1. 初现端倪

利用 Leica DM2500P 显微镜对《欠条》上金某签名字迹进行检验，发现《欠条》上金某签名字迹笔画上有九处之多（见附件三图 3 标示的 A 至 I 点）墨痕颜色不一致，这些笔画均集中在起笔、转折等部位。在笔迹特征中，起笔的动作、方向、力度等特征是一个人书写习惯的独特反映，因此我们断定在起笔位置发现如此多的疑点一定不是巧合。

2. 深入探究

利用 VSC2000 文检仪对《欠条》上金某签名字迹进行检验，发现上述九处（A 至 I 点）墨水成分与《欠条》上金某签名字迹其他笔画的墨水成分不一致。

在不同波长的红外光源照射下观察，发现金某签名字迹起笔笔画的颜色逐渐发生变化，这是由于不同成分的墨水对红外光的吸收及反射特征不同造成的，上述现象说明了起笔笔画与其他未发生颜色变化的笔画墨水成分是不同的。在起笔笔画与其他笔画的吸收曲线上也可以看到明显的差异，两者曲线的波峰不同，表明了墨水成分的差异性。（图 4、图 5 和图 6 分别是在 601nm、802nm、930nm 波长下检验结果；图 7 分别是 A、D、E、G、I 点的墨水吸收曲线及金某签名的其他笔画吸收曲线）

仪器分析的检验结果表明，《欠条》上金某签名字迹笔画上有用不同笔进行过添加修饰的痕迹。

3. 还原真相

依据上述检验结果，我们使用图像处理技术对《欠条》上金某签名字迹笔画上的添加修饰痕迹进行除去，以还原签名字迹的本来面目，图 8 和图 9 分别是图像处理前、后检材上的金某签名字迹。

4. 笔迹检验

我中心在检验过程中发现的上述现象，在前两次的鉴定报告中并没对上述的现象进行过描述。在笔迹检验中，字迹笔画的起笔特征是反映书写人书写习惯的重要特征之一，也是鉴定人员在笔迹检验中的重要判断依据之一，显然在该案中，一定是有人刻意在签名字迹笔画的起笔、转折等细节部位添加笔画以改变运笔特征，扰乱鉴定人员的判断，达到其不可告人的目的。

那么又是谁对这张《欠条》做了手脚？也许我们无法得知，但为了还原事实真相，为委托人提供客观、公正、科学的鉴定意见，我中心专家决定对《欠条》上的签名字迹进行去伪存真后再进行鉴定。

我们将去掉修饰痕迹后的金某签名字迹与委托方提供的样本上金某签名字迹进行比对检验，发现两者签名字迹整体布局、字迹的结构与写法、搭配比例、起笔、收笔、连笔、行笔等书写特征基本一致，反映了同一人书写习惯。最后得出的鉴定意见是："《欠条》上的金某签字是金某本人所写，且其签名字迹有添加修饰的痕迹。"

此案也终于水落石出。但需要说明的是，在金某签字的起笔、转折等细节部位添加笔画确实能够在一定程度上改变笔迹特征，扰乱鉴定人员的检验思路。在检验中只要稍不留神就会错失发现添加痕迹的机会，致使出具错误的鉴定意见，混淆案件事实。最终法院依据我中心出具的鉴定意见进行了判决。

（四）案后思考

在实际生活中，不法分子常常利用各种手段来伪造、变造文件从事非法活动，但本案变造文件的方式还是第一次见到，的确给我们留下了许多值得思考的地方。变造者不仅熟悉笔迹检验中的一些基本知识，而且能很巧妙地在原笔迹的基础上添加一些修饰笔画来改变原笔迹的书写特征，企图迷惑鉴定人员，以达到掩盖事实真相的目的。但其不知，在专业的司法鉴定人员和现代司法鉴定技术面前这些变造文件最终会原形毕露，变造者也会自食其果，接受社会道德谴责和法律的制裁。

作为鉴定人员必须认真对待每一起案件，时刻保持客观、公正、严谨、认真、科学的工作态度，既要充分了解案件的整体情况，又要在鉴定过程中不能放过每一个细节，同时更要充分利用各种现代先进的仪器设备和技术手段，只有这样才能拨开层层迷雾还原事实的真相。

通过此案使我们深刻地认识到"吃透检材"是重中之重，不仅是要关注检材的细节特征，更要分析检材上的一些不自然、不合常理的现象是如何产生的，是故意伪装？还是偶然因素？在本案中，我们正是抓住了检材上金某签名字迹上的反常规现象，对签名字迹进行了"还原"处理，最终才得出客观、公正、科学的鉴定意见。

小墨点背后隐藏的大秘密

——一起涉嫌串通投标案中的文书鉴定

随着办公自动化的推广，特别是计算机的普及与应用，打印机和复印机等已经成为日常办公所必备的设备。过去起草一份文件，我们采取的是直接用笔在纸上书写的方式，而现在我们往往将这些工作放在计算机上来完成，然后通过打印机将文件打印出来，需要一式多份的文件，我们通常使用复印机进行多次复印。

在市场上，有很多生产这些打印机、复印机设备的厂商，同一厂商旗下的打印机和复印机等也会存在多种型号。从打印机的类型划分，大体上可以分为激光打印机、喷墨打印机、针击式打印机以及热敏打印机等；对于复印机比较常见的是黑白复印机、彩色复印机以及兼顾打印、复印、甚至传真功能的一体机。不论是哪种打印、复印设备，随着使用时间的延长，其部件都会或多或少地出现老化现象。如果不能及时对它们进行维护与保养，这些老化现象就会在打印、复印的材料上表现出来。它们可能很微小，以至于需要我们借助显微镜等仪器设备的帮助才可以看到。但是它们的存在，却可以帮助我们破解重大的谜团。

一、案例背景

2006年，某市政府街道办事处（以下简称街道办）发布了社区服务综合楼工程施工招标信息，在投标期限内，共有四家不同公司向其递交了投标书。街道办的工作人员在对投标书进行审核的过程中，发现这四家公司投标书中的《暂定金额项目一览表》制作格式、内容及报价完全一致，故而对他们的投标文件产生质疑。这是无意的巧合？还是故意串通？甚至这四份投标文件会不会是同一家公司制作完成的呢？

社区服务综合楼工程施工项目是构建和谐社区、为百姓服务的重点工程，区政府对该项目的投标工作给予了高度重视。投标工作必须保证公平、公正、公开的原则，如果投标工作出问题，不仅会给国家造成经济损失，也会给政府的公信力造成负面影响。为了弄清事实真相，街道办事处决定通过司法鉴定来解决这次投标中发现的问题。

二、委托鉴定

（本案检验材料和检验结果见本书附件四：图1—图5）

2007年1月17日，街道办工作人员前来我中心，办理了司法鉴定的委托手续。送检投标书共四份，希望我们通过技术手段来还原事实真相，查明这四份投标书是否为某一公司为串通投标一次性制作完成的。

送检材料分别为四家投标公司的关于《某政府街道社区服务综合楼工程施工招标投标文件》（副本）原件，这四份文件中均有《暂定金额项目一览表》一页（以下依次称检材一、检材二、检材三、检材四，见图 1—图 4）。并提出鉴定要求：

对四份检材是否为同一台复印机复印形成进行鉴定。

三、鉴定过程

1. 确定检材形成方式

经用 Leica DM2500P 显微镜对四份检材进行检验，发现四份检材上的字迹笔画均是由墨粉颗粒堆积形成，笔画中有露白且转折和尖角处略显圆钝，纸张空白处有散落的墨粉颗粒，这是典型的复印特征，说明四份检材均是复印形成。

2. 复印特征

确定四份检材确为复印件后，对它们分别进行进一步的检验分析，发现在四份检材页面上，距离上边缘约 7.5cm 水平线上均有重复出现的墨点痕迹，检材一发现有三处（因幅面原因检材一靠近装订线有一处墨点在图 5 中没有反映），检材二、检材三各发现四处，检材四发现两处。每处墨点有三个，分布形态一致，色深基本一致（左下墨点较浅，个别地方不易看清）。

检材一中三处墨点在一条直线上，相邻两处墨点间距约 9.38cm；检材二的四处墨点可分为两组，A、B 处为一组，C、D 处为另一组，A、B 处墨点间距约 9.38cm，C、D 处墨点间距也约 9.38cm；检材三中四处墨点也分为两组，E、F 处为一组，G、H 处为另一组，E、F 处墨点间距约 9.38cm，G、H

处墨点间距也约 9.38cm；检材四中两处墨点间距约 9.38cm (见图 5)。

经上述检验，发现墨点的个数、形态及间距都一致，而这恰恰是同一台复印机感光鼓损伤造成的典型特征。检材二、检材三之所以出现四处墨点，是因用复印件作母版再次复印而形成的。而墨点间距便是复印机感光鼓外表面周长。且复印上述四份检材时是横向进行复印的。

3. 鉴定意见

送检的四份检材均是复印形成，且在纸张表面留下墨点个数、分布形态、间距等特征上相符合，是同一台复印机复印形成的。

此外，对四份送检标书边缘刀痕检验，发现其刀痕特征一致，也证明了四份送检标书是同一公司制作。

我中心客观、科学的鉴定意见，不仅揭穿了投标公司串通投标的违法行为，也为委托人避免了不必要的经济损失。

四、案后思考

在科技发展日新月异的今天，计算机、打印机、复印机、扫描仪等现代化办公设备给人们的正常工作和生活带来了极大的方便，也大大提高了办公效率，但与此同时，这些现代化的办公设备也给别有用心的人伪造、变造各种文件提供了方便。

在本案中的四家投标公司，就是利用计算机、复印机伪造投标书，企图通过串通投标的非法手段获得社区服务综合楼工程施工项目的最终中标。但是，他们万万没有想到的是，仅仅是因为复印机在复印时产生的几个墨点痕迹，帮助司法鉴定人员揭露了他们投标书背后的秘密。

作为司法鉴定人员，要与时俱进，时时掌握、了解各类常见打印机、复印机、扫描仪等现代化办公设备的专业技术及其工作原理，准确把握、认识其制作文件的特征。理论与实践相结合，才能对这些特征的价值做出正确的判断。在本案中，鉴定人员就是通过检验发现了纸张上规律性的墨点分布特征，再结合复印机的复印原理，得出此特征符合复印机感光鼓损伤造成的典型特征，进而得出了四份检材为同一台复印机复印形成的鉴定意见。

找回失去的记忆

随着人们生活节奏的加快，需要记住的事件更多也更繁杂，所谓“好记性不如烂笔头”，多数人会选择将重要的事写在笔记本上来提醒自己。同样，一些日常生活中所接触的票根、收据、发票甚至报纸，也会被人们留存下来以备不时之需。但是，随着时间的流逝，曾经的笔记本可能会出现掉页，留存的票根、收据等可能也会出现字迹褪色，以致无法辨认，使得我们本想借助它们来记住或证明一些事情的愿望破灭。但是，通过文件检验技术，我们可以在一定程度上把文件材料上失去或丢掉的内容进行修复，找回失去的记忆。

一、案例

（一）案情介绍

2006年1月19日，一名神色焦急的男子来到我中心，手里拿着一个蓝色的记事本，该男子向我中心接案人员介绍说，他姓张，在去年因生意需要向朋友郭某借款肆佰壹拾万元人民币，随后不久，他就用妻子的钱先归还了一部分欠款拾万元整，当即郭某在他的蓝色记事本上写下了收条。当他回家后，他妻子将该收条从记事本上撕下，单独保存起来。但时隔一年，他妻子突然发现郭某写下的收条已经无法找到。便将此事告诉了他。他怕郭某知道此事后，如果不承认写过收条怎么办，自己就会蒙受损失，故来到我中心寻求帮助。

根据案情，若当事人张某所说属实，其记事本丢失页后面的空白页上一定会有字迹压痕，因该记事本在郭某写过收条后，张某未在记事本上书写过任何字迹，那么郭某所写收条的内容就应该在后面的空白页上留下书写字迹压痕。故我中心决定对其记事本上书写收条后面空白页上的压痕字迹内容进行鉴定，打消张某的顾虑，防止今后可能发生的纠纷。

（二）委托鉴定

（注：本案检验材料和检验结果见本书附件五—图 1—图 3）

我中心鉴定人员将初步的鉴定想法与张某沟通后，张某于当日便在我中心办理了司法鉴定委托手续，送检的材料为：由大枫企业（地址：武汉市吴家山大枫工业园）生产的“玛丽”牌蓝色封皮记事本（100K050 型　磨砂 PP 办公双线环 42sheets 103）一本。记事本封皮有“1、2、3、4”、“NOTEBOOK”、“OFFICE” 等字样的为正面，记事本封皮有条形码、企业名称与品牌、企业地址等的为底面（见附图 1）。

鉴定要求：对记事本中空白页上是否有压痕字迹及压痕字

迹的内容进行鉴定。

（三）检验分析

接受张某的委托后，我中心鉴定人员对蓝色记事本进行了初步检验。发现该记事本有20页，前15页有可见字迹内容，其余页均为空白页（见附图2）。在侧光条件下，对记事本中空白页进行检验，发现其上有压痕字迹。说明记事本中的空白页上留下了前页书写文字的压痕，而该压痕字迹是否就是张某所丢失的收条留下的压痕字迹呢？在侧光条件下，已经无法对该压痕字迹的内容进行辨读。于是，我中心鉴定人员决定利用静电压痕显现仪对空白页上的压痕字迹进行检验，以辨读出其内容。

静电压痕显现仪简称静电压痕仪，它是基于电容器原理，通过对有印压痕迹的纸张充电，使文件上印压痕迹与纸张平面之间形成电位差，并感应成像薄膜形成稳定的静电图像，再通过黑色显影粉末将成像薄膜上的静电图像显现成可见的图像，最后可通过拍照和粘贴的方式将压痕图像进行固定。根据静电压痕仪的操作规范，我中心鉴定人员将记事本中空白页纸张加湿后，放入静电压痕显现仪进行显现。

检验结果发现其上有两次书写的压痕字迹，最近一次书写压痕字迹的内容为："（1）2005年7月6日张某还回人民币拾万元正（张某爱人周某的存单）至此张某还欠郭某人民币肆佰万元正（4000000.00）收款人　郭某某　2005.7.6日。"我中心鉴定人员随后通过拍照的方式将检验结果固定下来（见图3）。

通过显现出来的字迹可以确认，郭某确实在张某的蓝色记事本上写下过收条。当我中心将检验报告交到张某手中时，张某一直悬着的心终于落地了，对我中心鉴定人员也表达了衷心的感谢。并表示回家后，一定要将我中心出具的检验报告保存好，避免再发生类似的丢失事件。

二、案例二

（一）案情介绍

韩女士因其子酷爱轮滑，便于 2008 年的某日带其子到北京市 XX 体育公园（下简称体育公园）轮滑场地进行运动，但在轮滑期间其子不幸摔伤。当时只顾为孩子疗伤，等孩子的伤势稳定后，韩女士才想起，她们购买的轮滑入场门票中含有意外伤害保险，便与体育公园的管理方某物业管理公司进行沟通，并出示了其购买的轮滑入场门票，要求物业管理公司对其子的摔伤应按照意外伤害保险进行赔偿。然而，当韩女士出具轮滑入场门票时，发现门票上的字迹已经褪色，且字迹模糊无法辨认，故物业管理公司否认韩女士出具的轮滑入场门票为该体育公园的入场门票，而拒绝进行赔偿。于是在 2009 年初，韩女士一纸诉状将物业管理公司诉至法院。

（二）委托鉴定

（注：本案检验材料和检验结果见本书附件五—图 4 至图 7）

法院受理此案后，经初步审理认为，此案的争议焦点是韩女士提供的门票是否为体育公园的轮滑入场门票。故只要对该门票上已褪色的字迹进行恢复显现，此案就能迎刃而解。于是，法院委托我中心对门票上的字迹内容进行显现。2009 年 1 月 21 日，该案件承办法官来我中心办理了司法鉴定委托手续，送检材料为：长 25cm，宽 5.6cm 的热敏打印门票一张（见图 4）。

鉴定要求：对热敏纸门票上的字迹进行显现。

（三）检验分析

接受委托人的鉴定委托后，我中心鉴定人员秉承先进行无损检验，后进行有损检验的检验原则，对热敏纸门票进行了初步检验，发现热敏纸门票上的字迹已经基本褪色，字迹内容无法辨读。随后利用计算机图像处理技术对该张热敏纸门票进行了无损检验，通过检验可以粗略辨读热敏纸门票上的字迹内容（见图 5）。但因其检验效果还不能完全满足委托方的鉴定要求，我中心鉴定人员决定对热敏纸门票采取有损检验。

其实所谓热敏纸，就是一种特殊的涂布加工纸，其外观与普通白纸相似，其表层光滑，是由普通纸张作为纸基，纸张表面的一面上涂布一层热敏发色层。随着办公自动化技术的普及，在很多领域，热敏纸已经成为广泛应用的一种技术用纸。由于热敏纸材料的特殊性，再加上环境条件等因素的影响，打印在热敏纸上的字迹在一定时间内会逐渐褪色、模糊不清，甚至消失。但通过热处理的方法，可以形成黑底白字，使自然褪色的字迹再现。此种检验方法属于有损检验，检验后的热敏纸将无法恢复成原来的状态。于是，在采取有损检验前，我中心鉴定人员与法院、原被告双方进行了沟通，明确告知了有损检验的风险，出于对我中心鉴定人员的高度信任，法院及原被告双方均同意我中心鉴定人员可以对热敏纸门票采取有损的检验方法。

我中心鉴定人员在对热敏纸门票进行有损检验前，先对其进行了拍照固定。然后对该热敏纸门票进行了热处理，热敏纸门票经热处理后形成了黑底白字，褪色的字迹内容得以重新显现了出来。此后，我中心鉴定人员将显现后的热敏纸门票再次利用计算机图像处理技术进行了处理，以达到最佳的显现效果(见图 6、图 7)。

通过显现、技术处理，热敏纸门票上字迹终于完全显现出来，我们可以清楚地看到，正如韩女士所述，热敏纸门票上的退色字迹确为其购买的体育公园轮滑场地门票，且门票中也标明包含了保险。最终，法院依据我中心的鉴定结论，判原告韩女士胜诉，物业管理公司对韩女士的儿子进行了意外伤害保险赔偿。

三、案后思考

上述两个案例都属于文件检验中的不可见字迹显现，虽然此类案件并不常见，但是却非常贴近我们的日常生活，对于此类案件的检验能帮助我们解决很多生活中常见的问题。但它也同时提醒我们，对于生活中一些比较重要的文件、票据等，还是应该妥善地进行保存，避免因为丢失给我们自身造成不必要的损失。而作为司法鉴定人员也应把文件检验看作是一项系统的工程，对于文件检验每一方面的知识都应做到心中有数。对于不可见字迹的显现，仪器设备的使用是重中之重，只有充分了解所用设备的性能与使用规范，才能针对不同的案件，采用正确的方法，使用最适合的仪器，从而达到最佳的检验效果。但是，在检验中还应特别注意，要秉承先进行无损检验、后进行有损检验的检验原则，尽量做到可以在不破坏检材的情况下完成检验。如需破坏检材，一定要征得委托方的认可，且在破坏前拍照固定检材，避免检验后造成不必要的纠纷。

打击侵权，还原创者一片净土

一个好的企业标识（LOGO）对提高企业形象、提高企业社会知名度、增加企业无形资产等都会起到重要作用。一个好的企业标识必须要通过合法手段获得，但有的企业为了节省设计费用，采用投机取巧的办法盗用他人设计好的图案作为自己的标识，严重地侵犯了原创者的版权。目前盗用、侵犯版权、著作权的事件时有发生，随着我国司法制度的不断健全，特别是《著作权法》的出台，有效地打击了不法分子的侵权行为。而随着人们法律意识的不断增强，也学会了运用法律武器来保护自身的合法权益。我中心在最近几年便受理了几起涉及侵权鉴定的典型案例。

一、案例一

（一）案例背景

Z先生是我国著名画家，创作过许多作品，他于1985年创作的名为《山乡风 系列版画》是其得意之作。但是在时隔多年之后的2004年，他在一次查阅档案资料时，意外地发现在某知名报社文艺部主办的、出版时间为2000年9月9日的《某某日报 某某周刊》报纸第八版左下角，一幅名为《大地》副刊的刊头图案与其在1985年创作的那幅版画小样有惊人的相似，而该知名报社在此之前从未与Z先生有过任何联系。Z先生发现此事后极为震惊，并多次与该知名报社沟通，要求该知名报社对其侵权行为进行道歉，并对使用的版画小样支付版权费用。而该知名报社否认其副刊的刊头图案存在侵权，故拒绝支付任何费用。于是，Z先生（下称原告）一纸诉状将该知名报社（下称被告）诉至法院，以追究其侵权责任，法院受理了此案。

（二）委托鉴定

（本案送检材料及检验结果见本书附件六——图1—图7）

因为此案的原、被告双方在社会上都享有一定的知名度，此案件最终的审理结果对于双方的声誉都有着极大的影响，因此法院极为重视该案件的审理。经法院初步审理，认为该案的被告是否对原告构成侵权是案件的核心问题，主要争议的焦点就是这幅名为《大地》副刊的刊头图案与《山乡风 系列版画》是否出于同一模板印制。只要破解了这个谜团，该案便可迎刃而解。为了查明事实真相，2005年6月6日该案件承办法官到我中心办理了委托鉴定手续。该案的送检材料如下：

（1）检验材料：由某知名报社文艺部主办的、出版时间为2000年9月9日的《某某日报 某某周刊》报纸原件一份，在第八版左下角有一幅《大地》副刊的刊头图案，下称检材

（见图 1）。

（2）样本材料：标称时间为 1985 年的《山乡风　系列版画》原作一册。将版画册有文字的封面向左展开，（从左向右数）第二页有版画小样一幅，下称样本一（见图 2）；定稿版画一幅，下称样本二（据该案承办法官介绍，样本一经修改后定稿为样本二）（见图 3）；相同版画小样一幅，下称样本三（据该案承办法官介绍，样本三是在法庭里当庭印制的）（见图 4）。

鉴定要求：对检材、样本一、样本二、样本三是否出于同一版印制进行鉴定。

（三）检验及论证

因委托方提供了三份样本，且三份样本的形成方式略有不同，所以我中心鉴定人员首先对三份样本进行了检验，将样本一、样本二、样本三利用计算机图像处理技术同比放大后进行重合比对检验，发现样本一与样本三尺寸大小一致，图案能够重合，反映出样本一与样本三是由同一版印制的（见图 5）。另发现样本二与样本一、样本三尺寸大小一致，图案基本重合；但是样本二中部分飞鸟、树枝、线条等图案与样本一、样本三不能完全重合。难道送检的比对样本之间还存在差异？我中心鉴定人员带着此疑问又将样本一、样本二、样本三在体视显微镜下进行进一步检验，发现样本二中不能与样本一、样本三完全重合的部分，如飞鸟、树枝、线条等图案部位有修改痕迹。因送检时该案承办法官就介绍说，样本二的形成过程是经过样本一修改后的定稿版。所以，我中心鉴定人员认为，样本二与样本一、样本三的相同点应是本质性的，说明了样本一、样本二、样本三是由同一版印制的（见图 6）。

在确认了三份样本是由同一版印制后，我中心鉴定人员选择了样本二和检材进行比较检验。经检验，发现检材刊头图案尺寸是 97mm×75mm，而样本二图案尺寸是 48mm×30mm，两者图案长宽比不一致。但利用计算机图像处理技术调整检材刊头图案长宽比，使之与样本二图案长宽比一致后，对两者进行重合比对检验，发现两者图案形状基本重合，只有局部不能完全重合。但考虑到检材图案在出版前要经过制版、缩放等步骤，会造成局部偏差。我中心鉴定人员最后认为，相同点应是本质性的，反映出检材与样本二是来源于同一模版（见图 7）。

根据上述检验论证过程，我中心出具了检材与样本一、样本二、样本三是出于同一模版印制的鉴定意见。由于我中心及时、准确地提供了司法鉴定意见，为法院的判决提供了科学的保障。最终，法院依据我中心的司法鉴定意见，判决原告胜诉，保护了原创者享有的著作权。

二、案例二

（一）案例背景

H 先生是我国著名的书法家，中国书法家协会会员，某市书协理事。曾创作过多幅书法作品，也曾多次为许多大型企事业单位题写匾额。他于 20 世纪 90 年代创作过一幅“酒”字的书法作品，1996 年 5 月该幅“酒”字的书法作品收录在由山东孔府宴酒厂编辑、北京·文津出版社出版的《中国名书法家百酒集》中。时间来到了 21 世纪，H 先生在一次与朋友聚餐喝酒时，无意间发现国内一知名酒厂生产的某品牌酒外包装上所用的“酒”字商标与其创作的“酒”字书法作品有极大的相象之处。难道是一种巧合，还是知名酒厂盗用了我的作品？H 先生对此产生了疑问。为了查明事实真相，H 先生委托某律师事务所来调查此事。

（二）委托鉴定

（本案送检材料及检验结果照片见本书附件六：图 8—图 12）

该律师事务所接受了 H 先生委托后，为查明事实真相，搜集了大量的物证。最终发现如要确定酒厂是否存在侵权行为，就需要鉴定该酒厂生产的酒包装上“酒”字是否是以 H 先生创作的“酒”字书法作品为模版印制的。于是，该律师事务所律师在 2004 年 5 月 25 日到我中心办理了委托鉴定手续。送检的材料如下：

（1）检验材料：黑色草书“酒”字图案的酒标原件一枚，下称酒标一；黄褐色酒标一枚，下称酒标二（见图 8）。

（2）样本材料：尺寸为 590mm×585mm、纸质为宣纸的由 H 先生创作的“酒”字书法作品原件一幅，下称样本一；山东孔府宴酒厂编辑、北京·文津出版社出版的《中国名书法家百酒集》书籍原件一本，其中有 H 先生创作的“酒”字书法作品，下称样本二（见图 9）。

鉴定要求：对酒标一、酒标二上的“酒”字图案是否以样本一、样本二的“酒”字书法作品为模板印制的进行鉴定。

（三）检验及论证

因样本材料有两份，我中心鉴定人员首先对两份样本的同一性进行了检验。经检验，样本一、样本二上的“酒”字结构、行笔方向等特征一致，提取样本一、样本二上的“酒”字，利用计算机图像处理技术缩放到相同大小，进行重合比对，样本一上的“酒”字与样本二上的“酒”字能够重合，说明样本二确是以样本一原稿为模板印制的（见图 10）。

在对样本的同一性进行了确认后，我中心鉴定人员开始对两份酒标分别进行检验。发现酒标一“酒”字图案结构、行笔方向等特征与样本一、样本二的“酒”字一致，提取酒标一上的“酒”字图案利用计算机图像处理技术放大后与样本一上的“酒”字进行重合比对，发现酒标一上的“酒”字图案与样本一上的“酒”字能够重合，说明酒标一“酒”字图案是以样本一或样本二为模板印制的（见图 11）。

我中心鉴定人员随后对酒标二上的“酒”字图案进行检验，首先发现酒标二上的“酒”字图案与样本一、样本二的“酒”字相比，少了右边一点笔，但其余笔画的结构、行笔方向等特征均一致。提取酒标二上的“酒”字图案利用计算机图像处理技术放大后与样本二上的“酒”字进行重合比对，发现酒标二上的“酒”字图案与样本二上的“酒”字相对应部分能够重合，说明酒标二上“酒”字图案也是以样本一或样本二为模板印制的（见图 12）。

根据上述检验，我中心得出的鉴定意见是：酒标一、酒标二上的“酒”字图案均是以样本一或样本二的“酒”字书法作品为模板印制的。该鉴定意见为 H 先生保护自身的版权不受侵害，依法追究侵权人的侵权责任提供了有力的证据。

三、案后思考

在经济高速发展的今天，提高企业自身的形象，增强企业的知名度，无疑会为企业的发展提供良好的推动力。但是，这一切都要建立在合法的途径上。对于未经原创者许可，擅自将其作品挪作他用的行为侵犯了原创者的著作权，应受到法律的追究。

通过上述案例，也给一些存有侥幸心里的侵权者以警示，同时也提醒人们要学会运用法律武器来保护自身的合法权益。而作为一名司法鉴定人员，我们的任务就是要还事实本来的面目，打击侵权，保护原创者的著作权不受侵害，还原创者一片净土。

生意人的糊涂账

——一起离婚财产纠纷案件中的书写时间鉴定

文书形成时间鉴定，是对形成时间不明的或对其标称时间有争议的可疑文书进行综合检验，根据所获取的科学事实，对其实际形成时间所做的鉴别或判断。它分为文书绝对形成时间鉴定和文书相对形成时间鉴定。前者是指一份文书或文书中的某部分内容是何年何月形成的，解决的是文书的历时性问题，但在实际鉴定中判断文书制作的绝对时间很难；后者是指几份文书或者一份文书中的某几部分内容是否同时形成，解决的是文书各部分形成的先后顺序问题。

通常情况下，文书形成时间应以文书上的落款时间为准，但在司法实践中，造假者有的伪造成早年的文书，以牟取他人的财物，损害他人的合法权益；有的利用早期的或失效的文书添改成有效文书，以掩盖其事实真相。

文书形成时间鉴定，主要还是相对时间的鉴定。文书形成时间鉴定要求鉴定人员不仅要有丰富的文件检验知识，还要有敏锐的观察力和判断力，能从多种角度分析、推测文件材料形成的过程，并借助科学的仪器设备综合分析得出鉴定意见。

下面介绍一起离婚财产纠纷案件，本案是一起文书相对形成时间的鉴定。在检验过程中，我中心专家通过对字迹书写习惯、笔墨成分和笔痕特征等检验分析，通过反证法得出了客观、公正、科学的鉴定意见。

一、案件背景

2005 年 11 月，某市两个区人民法院同时受理了一起因离婚而导致的商品房预售合同纠纷案。

这起离婚财产纠纷案中，男方郭先生是原告，女方赵女士是第一被告，两人曾是夫妻关系，1993 年结婚后共同置业，生意越做越兴旺，几年时间就积累了几千万的资金，并购置了 12 套房产。另外还有一位魏先生是第二被告，此人在这起财产纠纷官司中的作用“功不可没”。

事情源于 2001 年底，赵女士在郭先生不知情的情况下，擅自动用夫妻共有的 100 万新西兰币（约合 300 万人民币）为两人的孩子办理了投资移民，并向郭先生提出离婚请求，条件是：双方共有的全部现金（约一仟柒佰万元人民币）归赵女士，双方共有的全部房产归郭先生。念及双方近十年的婚姻关系，郭先生并没有马上同意离婚，而是与赵女士分居并期待夫妻感情会有所改善。但在 2005 年 4 月，赵女士向法院起诉要求离婚。郭先生在法院得到离婚财产分配清单后傻眼了，原本应该在他和赵女士名下的 12 套房产已经全部神不知鬼不觉地消失了。这么多的房产哪里去了呢？这件事跟本案中的第二被告魏先生有关。赵女士早在 2004 年就有了独占婚后夫妻共同财产的企图，她找到生意上的伙伴魏先生，将十二套房产很廉价地卖给了他。而且手续一应俱全。但当郭先生在法庭上仔细核查证据时，对该案中的关键证据——2001 年 9 月的《委托经营合同》、2001 年 10 月的《交接单》、2001 年 12 月的《补充协议》、2004 年 3 月的《补充协议》（下面分别简称检材一、检材二、检材三、检材四）产生了异议，他感觉这些文件像是一次性形成的，如果是一次性形成的，则表明赵女士与魏先生有意串通，通过伪造文件侵吞财产，所以郭先生当庭提出对上诉四份证据材料进行司法鉴定。

二、委托鉴定

为弄清事实真相，经当事人双方同意，2005 年 11 月 8 日，某市区人民法院委托我中心对上述四份检材的形成时间进行鉴定。

三、鉴定过程

我中心领导对于文书形成时间的案件非常重视，因此本案特邀请我国著名文检专家、中国刑事警察学院贾玉文教授参与完成。在接受法院鉴定委托后，我中心专家对四份检材进行了仔细分析研究，发现四份检材内容均为打印形成，每份检材上均有相同四个人的签名。对四份检材上签名字迹进行初步检验，发现四份检材上相同人签名字迹的书写特征一致性较高，且相同人签名字迹的笔墨颜色、笔画粗细及笔痕特征相似，这引起了鉴定人员的高度重视，因此，鉴定人员准备对四份检材上的签名字迹进行进一步检验分析。

1. 笔迹成分鉴定

正常情况下，一次性书写完成的文件上字迹墨水成分是一致的，因此我中心专家首先使用显微激光拉曼光谱仪和显微红外光谱仪对四份检材上签名字迹笔画墨迹成分进行检验分析，发现四份检材上相同人的签名笔画墨水成分一致。这个结果表明四份检材上相同人签名字迹有可能是用同一支笔书写。

2. 笔痕特征检验分析

为了进一步判断检材上相同人签名字迹是否由同一支笔书写形成，鉴定人员对签名字迹笔痕特征进行检验分析。

笔痕特征是指书写工具在字迹笔画中形成的综合反映书写工具结构特点和书写人书写动作特点的痕迹特征。笔迹痕迹特征具有在相对较短时期内，一个人用同一支笔书写的字迹，其笔痕特征能够保持一致。我们利用 VSC6000 型文检仪和 Leica DM2500P 显微镜对四份检材上相同人签名字迹笔痕进行检验分析，发现四份检材上相同人签名字迹笔痕特征一致。

综合分析认为：四份检材上相同人签名字迹是用同一支笔书写完成的。

3. 个人签名书写习惯的历时性变化

个人签名字迹书写习惯会随着时间的延续发生一定的变化，通常情况下，签名字迹的熟练程度、书写水平等书写特征会随着时间的延续有所提高。但本案中的四份检材上相同人的签名字迹特征具有高度一致性。

检验中我们发现，检材一标称时间为 2001 年 9 月，检材四标称时间为 2004 年 3 月，两者相差约两年半时间，同一个人用同一支笔在相隔两年半的时间内签名字迹能保持书写特征一致、笔痕特征一致是不可能的。

四、鉴定意见

综合分析后，我中心得出了鉴定意见：四份检材是在较接近的时间（不排除同时）内形成的，不可能相差两年以上。

五、案后思考

近些年来，类似上面的伪造早年文件材料的案件数量逐渐增多，但是造假者往往聪明反被聪明误，到头来只是算了笔糊涂账，空欢喜一场。

目前，各国的科研机构对文书形成时间的研究都有了一定进展，常规方法有：文书的内容和言语分析法、文件制成材料分析法、墨水生产日期判断法、墨水标记法、硫酸盐扩散程度测定法、草酸溶解法、溶压转印法和其他现代仪器检测方法等。虽然方法众多，但是文书形成时间的鉴定仍然是当前文书检验领域的世界性难题，不是从某一个角度，用某一两种方法所能完成的。之所以难，并不是因为我们缺乏经验和精密分析仪器，而是由于作为检验对象的字迹色料往往容易受到许多因素的影响和制约，如文书上签名字迹的形成方式、形成条件、文书存放所处环境的温度湿度等各种因素均能使文书材料随时间发生很大变化，影响鉴定意见。故此认为，文书形成时间鉴定暂时还停留在综合条件较为稳定的实验室阶段。

本案对四份检材的形成时间鉴定是一起特殊的文书形成时间鉴定案件。在实际鉴定工作中，我们深刻感受到了某些文件上关键字迹的形成时间对整个案件都起到了决定性的作用。但是这类的案件只有在特殊的条件下才有可能得出鉴定意见。

文书形成时间鉴定是文检领域中的难题，不仅对检验材料要求严格，而且对鉴定人员水平、仪器设备、鉴定方法等有很高的要求。因此文书形成时间鉴定难度大，而且也存在无法鉴定的风险。因此，委托人在委托文书形成时间的鉴定事项时能够了解此项鉴定中的风险，并慎之又慎。

银行短款追还未果，监控视频大显神通

——一起录像资料辨识及清晰化处理案件

一、引子

随着科学技术的发展，老百姓通常说的“电子眼”——视频安防监控系统已经在各类公共场所得到了广泛的应用。它不仅可以实时远程观察指定的区域，还能客观、准确记录下特定时间内监控区域的状况。视频安防监控以众多优势成为继刑事科学技术、技侦、网络侦查技术之后的第四大侦查技术，监控视频鉴定技术也日益显示出它的重要性。

监控视频鉴定是指鉴定人员通过对与案件有关的监控视频进行分析研究，以判断该监控视频是否为现场成像设备在确定时间内录制的，反映真实现场的监控视频。其鉴定项目一般分为以下几类：

1. 录像资料真实性、完整性鉴定：又称录像资料剪辑鉴定，是对录像资料的原始性、连续性和完整性所进行的科学判断，以确定其是否经过后期加工处理。

2. 录像资料辨识：通过观察，必要时借助图像处理等技术手段，对录像资料记载的人、物及事件的状态和变化情况进行辨识。

3. 录像资料的清晰化处理：通过数字信号处理，对录像记载的图像进行增强、校正、去模糊等处理，突出、复原需要的画面，改善视觉效果。

4. 录像资料的同一性鉴定：对声像资料记载的人体或物体的同一性问题所进行的科学判断。

下面是我中心受理的一起关于录像资料清晰化处理及辨识的案件，在这起案件中，监控录像对还原事件真相起到了举足轻重的作用。

二、案件背景

2006年2月的一天上午，陈先生到中国银行某支行办理取款业务，共支取10000元港币，其中8000元港币兑换成人民币支取，2000元港币直接支取。银行工作人员李某由于疏忽大意，误将20000元港币当成2000元港币交给了陈先生。当天下午，曾为陈先生办理业务的柜员李某发现短款18000元港币，立即向该支行行长汇报并进行查找。通过查看当天业务传票及调阅监控录像，查出是上午为陈先生办理取款业务时多付了18000元港币。随后，银行方面通过调阅客户开户时的预留电话与陈先生取得了联系，并于当晚派人到陈先生住所协调此事。银行工作人员向陈先生表示了歉意后，希望陈先生能予以理解并配合退回多付的18000元港币。让人意想不到的是，陈先生表示银行付给他的港币正好是2000元港币，一分钱都没有多，而且他还理直气壮地说什么证据都没有，凭什么来找他要钱，说不定是多付给了别人呢！见状，银行方面只好向法院起诉，请求以法律手段挽回损失。

三、委托鉴定

某区人民法院受理了该案，并委托我中心对记录案发时的银行交易监控录像片段进行清晰化处理，以辨识所交易港币面额为多少，银行柜员是否交给陈某 20000 元港币等。

四、鉴定过程

（本案检验结果见本书附件七）

检验材料是文件名为“5001 _ 20060223 _ 080000 _ t2. dat”的影像数据文件，其上记录了从 2006 年 2 月 23 日 9 时 09 分 47 秒至 9 时 18 分 01 秒时间段内的交易过程（见本书附件七—图 1、图 2）。

我中心专家利用名捕监控录像和模糊图像处理分析系统（现使用警视通影像分析平台和识慧视频模糊图像分析处理系统）对送检影像资料逐帧检验，发现送检影像每秒钟 25 帧，帧与帧之间相互关联，没有发现剪辑痕迹。

检材影像 2006 年 2 月 23 日 9 时 09 分 47 秒至 9 时 18 分 01 秒时间段是记录银行柜员与柜台外客户交易过程。其中从 9 时 13 分 20 秒第 23 帧至 9 时 13 分 55 秒第 25 帧是记录银行柜员点数港币过程，共数出 21 张港币。

对9时13分22秒第18帧至9时13分24秒第20帧影像资料中银行柜员手中所持港币进行清晰化处理后检验分析，发现其手中所持港币第一张（即最上面一张）的颜色、图案与香港上海汇丰银行有限公司在2003年7月1日发行的壹仟元港币颜色、图案相符。

对银行柜员所点数21张港币影像进行检验分析，发现前19张港币颜色一致。最后两张港币颜色、图案与香港上海汇丰银行有限公司在2003年7月1日发行的伍佰元港币颜色、图案相符。

经对影像资料记录全过程进行检验，发现银行柜员将所数出的21张港币与后来所数出的人民币一并全部付给柜台外客户。

五、鉴定意见

银行柜员付给柜台外客户港币21张，其中两张港币与香港上海汇丰银行有限公司在2003年7月1日发行的伍佰元港币颜色、图案相符；另外19张港币颜色一致，可确认其中第一张与香港上海汇丰银行有限公司在2003年7月1日发行的壹仟元港币颜色、图案相符，共计20000元港币。

最终法院以我中心的鉴定意见判银行胜诉，被告在证据面前也不得不将多余的钱如数退还给银行。

六、案后思考

近些年，银行部门因营业员的粗心大意等原因，与客户之间发生类似短款纠纷事件时有发生，新闻媒体也常常报道。不论是哪一方的原因，我们都应该以诚信为本。客观事实不会随人的主观意识改变而改变，本案中的18000元港币也不会因陈某的侵占而无影无踪。在这起案件中，视频监控录像客观、真实地记录了取款的整个过程，为定案起到了至关重要的作用。越来越多公共场所的视频安防监控系统，对保障社会安全、打击犯罪、构建和谐社会将发挥重要作用。通过对视频监控录像的鉴定，不仅可以对过去时间内的现场状况进行再现，还可以通过对视频录像中的具体事件、物品或人物进行清晰化处理，以辨识出有价值的信息。

在实际办案中我们也遇到在技术上无法解决的问题，如银行的视频监控录像系统质量较差、老化严重等原因，录像中的画面模糊不清，鉴定人员无法从中获得有效信息，这样的监控系统形同虚设，因此也希望银行部门对监控系统应给予足够的重视。银行是我国重要的金融系统，对工作区域的有效监控，是保障金融系统安全的重要手段。

当然，视频监控不仅在银行系统，在其他领域如道路交通、公共场所、居民社区等也同样发挥越来越重要的作用。

金手链究竟是谁的?

痕迹是造痕客体与承痕客体相互接触作用所产生的，它以客观存在为基础，是物质相互作用的客观反映。痕迹与案件事实有着直接或间接的因果关系，因此通过痕迹鉴定，对查明案件事实真相有着重要意义。

由于痕迹是以客观存在的形象为人们所认识，人们可以用肉眼或借助一定的仪器设备直接观察，如体视显微镜、荧光显微镜、比对显微镜就是痕迹检验中常用的仪器设备。但是对于一些微观痕迹用上述仪器设备就显得力不从心，而扫描电子显微镜在微观痕迹检验领域则会大显身手。

扫描电子显微镜具有放大倍率高、分辨率高、景深大等特点，因此在痕迹检验中具有广泛用途。下面就是一例扫描电子显微镜在痕迹检验方面应用的案例。

一、案情简介

原告杨某于1998年从香港珠宝行买回金手链一条，重量为8钱5分，为9999金。由于金手链太长，遂请深圳某金铺师傅将手链剪短，并重新焊接，剪短后的重量少于8钱5分。2000年的一天，杨某发现自己的金手链不见了，之后一直没有找到，直到2002年2月28日，杨某突然发现其好友霍某手上戴有一条金手链，经仔细查看，认为霍某手上所戴的金手链就是杨某所失之物，于是报警。后杨某接受公安机关建议，通过向某市中级人民法院提起民事诉讼，请求法院处理该财产权属纠纷。

被告霍某声称，自己手上所戴金手链是在1992年托人从澳门买回，在澳门称的重量为7钱5分左右，为9999金。1994年曾因手链稍长，请金铺师傅将金手链每一个椭圆形环稍微夹圆以缩短手链长度。S扣曾断裂，请金铺师傅焊接过。金手链从未剪短过。

二、委托鉴定

判断金手链的权属问题是本案的焦点，关于金手链的描述，原、被告双方各持一词，只有通过技术鉴定才能判断谁在说谎。于是法院决定对争议的金手链进行技术鉴定，法院通过咨询多家国内鉴定机构，最终决定委托北京华夏物证中心对争议的金手链进行技术鉴定，委托鉴定事项如下：

1. 诉争金手链其中两个相临链环是否存在与整体制造时形成的不明显焊接痕迹相区别的明显焊接痕迹；

2. 诉争金手链的S扣是否有断裂后焊接的痕迹；

3. 诉争金手链的每一椭圆环是否曾被夹圆，长度是否因此缩短；

三、技术鉴定

(本案检验结果见本书附件八：图1—图12)

1. 一般检查

送检金手链为扁平状，两面均有花纹。其中一面有沿手链纵向方向平行的两条压痕。该手链一端为S型活扣（称为S端），通过一圆环与链身相连；一端为圆环（称为O端），与链身直接相连（见图1)。该手链重量为26.735±0.002克，手链为两环重叠相扣，以确保即使因其中一环断裂而不致手链断开。若使手链断开，相邻的两环必须同时开环（见图2)。

金手链每一环呈不在同一平面的菱形结构，相对的两边在同一平面，且加工尺寸、形状、图案等均匀一致。若从图2所示A方向夹，只能使金手链变长。若希望通过改变每环形状使金手链变短，只能从图示B方向夹，这样将会改变金手链的立体结构，无法保持金手链整体的平整结构。如仍需保持金手链原有的平整结构，则需将该金手链两面（及两侧）进行锤打，这样金手链表面上的花纹将会发生改变，同时也无法保证每一链环的形状完全均匀一致。

2. 在光学显微镜下检查

用体视显微镜放大25倍进行检查，送检手链S扣上有两处标记印痕，但标记图案无法辨认，S端无断裂后重新接上的痕迹（见图3）。S端与圆环相连的第一、第二、第三链环有变形，但看不出有改动加工的痕迹（见图3）。O端第一、第二、第三链环形变较大，且O端第一、第二链环有后来加工改造的痕迹（见图4）。手链其他各环花纹清晰，外表光滑，无后来加工的痕迹（见图2）。

手链S端、O端第一、第二、第三链环变形的主要原因是手链长期佩戴所致。

比较手链O端第一、第二链环与其他链环花纹，可以分辨出花纹不一致，两链环有加工的痕迹。

3. 在扫描电子显微镜下检查

为了确认是否有焊接加工痕迹，需要在更大放大倍率下作进一步检查。此时光学显微镜显得力不从心。我们使用英国Cambridge 240型扫描电子显微镜放大1000倍作进一步检查（目前此机型我中心已不使用，现已更新）。

在扫描电子显微镜下，S扣上标记依然无法辨认（见图5）。S扣扣身光滑平整，无异常。S扣的两个端点外形相同，即在端点弯曲处不平整，弯曲处侧面有裂纹，该裂纹没有横断S扣，这是初始弯曲加工时留下的，不是断裂后重新焊接所致（见图6）。在扫描电子显微镜下观察到的图7所示裂纹，是S扣弯曲成形后再进行焊接所致，即为图3中C处焊接点。对S扣整体进行检查，除上述焊点外，没有发现其他焊接痕迹。

对S端第一、第二、第三链环进行检查，没有发现焊接加工痕迹。

对O端第一、第二链环进行检查，发现第一链环有焊接加工痕迹（见图8、图9，图9是图8的局部放大结果）；第二链环也有焊接加工痕迹（见图10、图11，图11是图10的局部放大结果）。扫描电子显微镜下观察到的金属颗粒是焊接加工过程中锤打所形成的，其他链环没有这些特征（见图 12）；第一链环、第二链环的花纹边缘与其他链环也不同，这是加工锤打所致。因此，手链 O 端第一、第二链环有与手链其他链环完全不同的特征。

四、鉴定意见

1. 在送检手链的 O 端第一、第二相邻两链环存在与整体制造时形成的不明显焊接痕迹相区别的明显焊接痕迹。

2. 送检手链的 S 扣活弯处没有发现断裂后焊接的痕迹。

3. 送检手链的每一环为不在同一平面的菱形，链环没有被夹圆。

五、案后思考

最终法院依据我中心出具的鉴定意见判原告胜诉，此案虽然看似非常普通的案件，但我们都知道民事案件无小事，因为它直接关系到人民群众的财产是否受到侵犯，鉴定机构能否做出客观、公正、科学的鉴定意见，人民法院能否主持公道，每一个环节都不能马虎大意，必须本着高度负责任的科学态度认真对待每一起司法鉴定案件。

工欲善其事，必先利其器。在司法鉴定活动中，鉴定人员的学识、经验是非常重要。但是必要的检测设备在鉴定活动中也占有非常重要的地位，先进的仪器设备在检测中往往能达到事半功倍作用。在本案中，如果没有扫描电子显微镜，仅凭光学显微镜，对金手链的细节特征就很难确认，甚至无法得出明确的鉴定意见。

第二部

法医篇

关乎警察命运之鉴

一、背景资料

2005年4月20日晚9时许，在某省F市某歌厅前，发生了一起治安案件。一名叫李某的出租车司机与酒后驾车的桑塔纳司机赵某等一伙人发生擦蹭后，李某的出租车被砸，人被打伤。

当地公安机关迅速出警，很快在案发现场附近抓获了驾驶桑塔纳的司机赵某，男，30岁，是F市某派出所消防队的辅警，涉案的其他人闻风逃散，没有抓获。当天晚上11时许赵某被送到了F市公安局某派出所接受调查。

21日凌晨2时许，赵某的亲属接到派出所的电话称，赵某受伤，已经在F市中医院接受治疗抢救。家属赶到医院时，发现赵某已经处于昏迷状态，右耳流血，右眼肿胀青紫，右颧部、颞部肿胀擦伤，左肩部大面积擦伤痕；CT检查：左侧颞叶脑挫裂伤，右额硬膜下、硬膜外血肿，右颞骨骨折，气颅、脑肿胀。因病情危重，当天下午又被转到了F市中心医院继续抢救。

“赵某被派出所打伤了，赵某快不行了……。”这个爆炸性的新闻从赵某的亲属传到了赵某的所在单位、邻居、朋友及陌生人耳中，并迅速传遍了F市的大街小巷。F市人民检察院渎职侵权检察处及时介入，成立了“4.20”专案调查组。

赵某清醒后，向检察院专案组叙述了案发经过：当天我喝了几瓶啤酒，开车与出租车司机发生擦蹭，我和车上的几个朋友砸了出租车，打了司机，后来开车到歌厅，其他人进了歌厅，我在车上休息时，被警察抓住了。到派出所后，因我胳膊细，手铐被我退下来了，民警发现后非常气愤，三四个人就一起上来打我，有人用拳头打，有人将我脑袋往墙上、铁栏杆上撞，撞了几下，我头就懵了，就什么都不知道了，怎么到的医院都不知道了，其中一个40多岁姓王的警察打的最狠。

经过依法辨认，打人的这位警察叫王某，当晚他在派出所值班。

王某和当晚值班的几个警察说法较为一致：赵某到派出所后，我们讯问审查期间，他要上厕所，就带他到二楼的卫生间，趁我们没注意，他从二楼的窗户跳下去了，他是自己摔伤的。但是，这个说法并不合乎情理：赵某到派出所后已经处于酒醉状态，时至深夜，一个普通的治安案件，有无必要连夜审讯；赵某到卫生间，是两位民警陪同的，赵某还带着手铐，他如何能打开窗户跳下去呢？显然，王某等人的交待并不属实。

F市某医院下属的司法鉴定机构于2005年5月接受F市人民检察院渎职侵权检察处的委托，对赵某的头部损伤程度进行法医学鉴定。分析认为：赵某系因被他人打伤头部致重度颅脑损伤，右额硬膜下血肿，右额颞硬膜外血肿，左颞叶脑挫裂伤，气颅，右额颞骨骨折，右中颅凹颅底骨折。综合评定，赵某的头部损伤为重伤。

F市人民检察院决定以刑讯逼供致人重伤罪立案侦查。民警王某被刑事拘留。

王某被刑事拘留后，提供了与原先不一样的供述：赵某被送到派出所后，我了解到他是某派出所消防队的辅警，他所里的所长等人还是我的学生，于是，有了一点恻隐之心，看他还未完全醒酒，就将他关在一楼的禁闭室，手铐铐的较松，禁闭室的门也没有上锁，考虑他没有逃脱的必要和可能，我们也没有看守。因为他比较瘦小，到夜里手铐被他退下来了，他自己打开禁闭室的门，上到二楼，从窗户往下跳摔伤的。以前之所以没有向公安局纪检委、检察院说实话，是因为在案发后，所领导统一定下调子，因为公安部三令五申，基层派出所不准设禁闭室、小黑屋，不准无人看管人犯，所以要统一口径，领导调查时就说赵某到所后我们一直审讯看管，是他上卫生间时自己逃脱跳楼的，这样，我们就不违反规定，就可以不承担责任了。

王某还告诉办案人员，在派出所一楼的禁闭室安装了摄像头，原先之所以说没有录像，也是因为我们以为问题不大，领导也不会深查。要是提供了录像，不就证明我们没人看管，我们不就说假话了吗？

“4.20”专案组陷入了难题：提取的录像是一段模糊不清、光线昏暗的视屏，虽然可以看到在凌晨1时45分，禁闭室有人出来，但不能证实其头部是否有伤痕，不能否定此前未被打伤。于是询问出具重伤鉴定的鉴定人，出具重伤的鉴定结论是否要考虑损伤的形成机制？他们解释，实际上，他们的鉴定机构是医院的下属科室，他们都是医院的医师，只会看病，并不懂什么成伤机制。致伤物推断、成伤机制分析，那是法医学的事，委托书上说是被人打伤了，我们就认为是被人打伤了，没有分析成伤机制，重度的颅脑损伤，按轻重伤标准一对照，就是重伤，我们就出结论了。

赵某的颅脑损伤究竟是如何形成的？是高处坠落摔伤，还是他人打击、撞击伤？必须再做成伤机制的鉴定。

案情重大，F市人民检察院渎职侵权检察处将此案的损伤形成机制鉴定委托了省外一家司法鉴定机构。委托时提供了案件的所有材料和提取的录像材料。

2005年9月，该司法鉴定机构出具了《司法鉴定意见书》，鉴定意见：赵某的右耳廓挫伤，右眼睑挫伤，左侧口唇粘膜挫伤，右顶部头皮下血肿，左额颞骨骨折，右额硬膜下血肿，右额颞部硬膜外血肿，左额颞叶脑挫裂伤，右颅中窝颅底骨折，左鼓膜穿孔，右肩部皮肤擦伤等符合钝性外力多次打击所致损伤之特点，而不符合从二楼跳下时一次性摔伤所致损伤之特点。

该鉴定机构还非常认真地分析了为什么不符合高坠损伤，若是从二楼（高度约4米左右）跳下导致其损伤，应有以下几种情况：（1）若头顶部先着地，此种情况下，所致损伤若有右顶部头皮下血肿、左额颞骨骨折、右额硬膜下血肿、右额颞部硬膜外血肿、左额颞叶脑挫裂伤、右颅中窝颅底骨折等如此多的严重损伤，颅盖骨折应为骨折线相互交叉呈蛛网状、龟裂状或不规则形，同时应伴有胸腹腔脏器的损伤，而本例没有；（2）若面部先着地，所致损伤应伴有头面部大面积的皮肤挫伤和擦伤，并应沾附砖头、碎石等地面附着物，颅脑损伤部位应主要集中于前额部和枕部的对冲伤，而本例却是右眼睑青紫肿胀，鼻部完好无损，头面部无任何沾附物；（3）若头枕部着地，其损伤应主要为枕部头皮血肿、枕部颅骨骨折、枕部颅脑损伤及前额部的对冲伤，血肿程度也应更为严重；（4）若下肢或者臀部先着地，应伴有下肢、脊柱骨折等损伤，颅脑的损伤也应较现伤情为轻，而且一个神志清醒的年轻人从二楼雨搭上往下跳按常规逻辑及运动力学规律也不支持头部朝下的“跳楼”方式。

如此鉴定意见，足以证明赵某系被王某等警察殴打致伤！但随着案件的侦查进展，越来越无法认定鉴定中几种可能的情况。49岁的王某，从警已经30年，从省警校毕业后做过刑警、治安警，还在市警校当过15年教师，是一位优秀的警察，从来没有刑讯逼供、殴打人犯的先例；当晚在派出所值班的除王某以外还有3位民警，叙述的情节与王某所述基本一致；赵某本人系某派出所消防队的辅警，当晚发生的事情只是一起普通的治安案件，派出所的民警有无必要实施刑讯逼供和殴打行为吗?

无论是王某，还是派出所、公安局，乃至检察院“4.20”专案组，都认为还需要进行重新鉴定，案件的最终处理还是要靠证据，靠鉴定意见说话。

二、委托鉴定

此案关系重大，因为前两次鉴定意见与侦查了解情况存在许多矛盾的地方，如果在没有弄清事实真相的情况下就结案，就可能造成错案，因此，负责本案的检察机关决定对赵某颅脑损伤成伤机制进行再次鉴定。

2006年1月，F市人民检察院将案件委托我中心，对赵某颅脑损伤成伤机制进行重新鉴定。

三、鉴定过程

我中心接受委托后，给予了高度重视，由著名法医翟建安教授亲自主持鉴定。翟建安教授是新中国第一代知名的法医专家，20 世纪 50 年代即从事法医学的鉴定、教学、研究工作，退休前曾任中国刑警学院院长，中国警官大学校长兼党委书记，兼任中国法医学会第一、二届副理事长，享受国务院特殊津贴，退休后一直担任我中心法医学首席鉴定人。本着对法医事业的无比热爱，对案件高度负责任的科学态度，翟建安教授不顾 76 岁高龄，2006 年 2 月 18 日亲自带领鉴定组赴 F 市，从派出所的案发现场，到调取医院的原始影像资料；从听取办案人员情况介绍，到询问、检查被鉴定人赵某，收集、记录了大量详实的案件资料，为最终得出客观、科学的鉴定意见提供了保证。

赵某颅脑损伤的形成机制鉴定，关键的问题是：损伤是一次形成？还是多次形成？是高坠形成？还是他人打击形成？从医院的原始影像片看，赵某的额颞骨骨折在右侧，而不是左侧，医院的影像学报告将左右搞错了；赵某的损伤在右颧部、颞部，在现场发现有右耳流血，到医院后逐渐发现右眼肿胀青紫进行性加重，影像学检查证实右侧额颞骨骨折，右额硬膜下血肿、右额颞部硬膜外血肿、右颅中窝颅底骨折，同时还有左额颞叶脑挫裂伤。对于左额颞叶脑挫裂伤的分析至为关键，根据赵某的左侧头面部没有损伤，此处损伤应为“中间冲击伤”。我们分析损伤形成机制是：“其头部损伤受力点是右顶侧皮下血肿处，其力向下传导形成了右侧额窦，右侧额颞骨骨折，右额颞硬膜外血肿，右额硬膜下血肿；左颞叶脑挫裂伤（中间冲击伤）；颅底骨折（右中颅凹）。如此分析符合坠落伤的特点，即‘外轻里重；损伤发生在一端或一侧；所有损伤用一次巨大暴力都可以解释’。”

最终我中心于 3 月 21 日作出鉴定意见：“赵某颅脑损伤的分布性状符合坠落伤的特征。”

鉴定过程中，我中心鉴定人员与赵某及亲属进行了充分沟通和解释，赵某的记忆功能也随时间逐步恢复，不再坚持是被民警打伤的说法，心悦诚服地认可了我中心的鉴定意见。最终F 市人民检察院作出撤销案件决定，王某等人恢复了工作。鉴于派出所存在工作中的失误，最后由公安机关给予赵某一定的经济赔偿，案件圆满划上了句号。

四、案后思考

本案的鉴定过程，留给我们的思考有以下几个方面：

首先，司法鉴定科学应当是一门专门的学科，司法鉴定人应当是独立的社会职业，并不是其他学科的专家随便就可以替代充任的。临床医学和法医学是医学科学的不同分支，二者不能互相取代。损伤程度的鉴定涉及罪与非罪的认定，应当慎之又慎。只认伤，不分析案情，不勘查现场（没有现场的可以观看录像），不推断损伤的形成机制，以人体实际损伤对照鉴定标准随便地出具轻、重伤鉴定意见，是很容易造成冤假错案的。在医院设临床司法鉴定机构，用临床医师充任法医鉴定人是非常危险的。

第二，鉴定人应当避免凭主观经验办案，不能先入为主，要掌握第一手鉴定资料，影像片要自己读，而不是仅看报告。临床医师将左右搞错了可以改过来，鉴定人将左右搞错了，就分析、认定错了，本来是一次高坠形成的损伤，就认定是“钝性外力多次打击所致”了，就会抓错人，办错案。

第三，鉴定人要善于利用其他证据。本案仅从法医学的技术角度就可以做出正确的鉴定，再借助于其他证据更可以佐证。本案有监控录像，经过我们仔细观察，在 0：45 分时，赵某从禁闭室自己出来，此时头面部、左肩部等处并无损伤。该录像并无剪辑拼接，应当是真实的。前面省外鉴定机构也有该录像，事后得知，他们根本就没有看，他们认为，录像不能说明法医技术问题，甚至想当然地认为，公安局想造一个录像太简单了。

第四，对于突发事件，要有实事求是的处理机制，不能文过饰非，甚至弄虚作假。本案之所以走了一段弯路，与派出所的领导有很大的关系。

舞殇之鉴何其难

舞蹈是一门优美高雅的肢体艺术，也是大众喜闻乐见的一种娱乐方式，能给人们带来愉悦与欢乐。能在舞台上尽情绽放舞姿、在舞蹈殿堂上有一席之地是多少女孩心中憧憬、追逐的甜美浪漫的梦！但又有多少人能想到，当事与愿违之时，舞者可能因舞而伤，折戟于起航，付出健康与生命的代价，有的竟终生截瘫，不能正常走路，要在轮椅上度过余生，使其美好青春年华、绚丽多彩人生因舞而殇！

因舞而高度致残者，治疗、康复、护理费用高昂，一般家庭难以承受，而责任又难以区分，因此，有不少家庭提起侵权民事诉讼，向舞蹈培训机构主张权利，要求民事赔偿，走上司法诉讼之路，舞者与舞蹈培训机构之间的人身损害赔偿纠纷案骤然增多。因当事人双方观点迥异，诉讼标的数额巨大，法院判决最终要依据法医司法鉴定结论，可法医界对此种损伤的认识较临床医学晚，各鉴定人观点不一，结论各异，鉴定意见五花八门，又令法官难以适从，致使一些案件反复多次鉴定，历经数年乃至数十年，案件久拖不决，当事人备尝“诉讼难，难于上青天”的煎熬与期盼！法医司法鉴定往往成为诉讼焦点而处在风口浪尖。

一、案情介绍

周某，女，1995 年 3 月 8 日出生，某小学三年级寄宿制学生。2004 年 5 月 23 日，周某在上体育课时，体育老师教学生练习“后下腰”动作，下课时，告诉同学们，没有做好的同学回去继续做。当晚，周某在宿舍床上练习“后下腰”动作后，感双下肢麻木、无力、不能站立、不能走路等症状。生活老师等送其到医院急诊，后病情逐渐加重。发病后经过 9 个三级甲等医院 11 次检查诊治，其中 9 家医院 10 次检查后认为患者的截瘫与外伤有关。

根据诉讼需要，某市某区人民法院委托本市一家鉴定机构进行司法鉴定，该机构于 2005 年 11 月 2 日出具鉴定意见：被鉴定人周某所患疾病为横断性脊髓炎（下胸段）。其临床表现不符合脊髓外伤的特点，同时影像学等检查亦不支持脊髓外伤（如出血等）的征象。因此，根据现有材料，不能认定被鉴定人周某脊髓病变为外伤（‘下腰’）所致。由于其目前双下肢截瘫不能认定为外伤所致，故不宜进行伤残评定。

庭审质证中，原告的法定代理人对上述鉴定意见提出异议，并向法院提出进行重新鉴定的申请。2006 年 1 月 8 日上级人民法院司法鉴定中心致函一审法院，本案不符合重新鉴定之规定，将委托退回一审法院。

一审法院只得再次委托原鉴定机构进行复核鉴定。该鉴定机构于 2006 年 8 月 20 日出具复核意见：仍然维持了原鉴定意见。

根据法医学鉴定意见，一审法院于 2007 年 5 月 12 日作出一审判决：驳回原告周某的诉讼请求。

二、委托鉴定

终审判决后，周某的法定代理人于 2010 年 6 月 12 日经律师事务所申请，委托我中心再次进行法医学司法鉴定。

三、鉴定过程

本中心受理该案后，感到了巨大的压力，因该案的鉴定结论可为息争止讼提供关键的证据，并将直接影响到案件最终的审判结果。鉴定人首先查阅了临床医学教科书，检索了大量临床医学和法医学刊物，从而掌握了该损伤理论研究的前沿信息与成果。无骨折脱位脊髓损伤研究在国外于 1982 年就已见诸于医学刊物，那时主要依据 X 线检查，如存在脊髓损伤，但未见到脊柱有任何放射影像学改变，即诊断为无放射影像异常脊髓损伤。此后因核磁共振（MRI）应用于临床，使用其检查可发现脊髓有异常信号。北京军区总医院骨科专家胥少汀教授最先对此损伤进行了相关研究，从 1994 年开始在相关杂志上发表论文论述该损伤。胥教授认为，在儿童此种损伤并不少见，多发生在 1～11 岁之间，伤后致完全瘫痪，一半病人有一潜行过程，此与成年人伤后立即截瘫不同。

2010 年 8 月 28 日，我中心出具鉴定意见：“据病历记载，被鉴定人周某在发生双下肢不全瘫之前没有病毒感染的前驱症状，4周前也没有上呼吸道感染、腹泻或发疹等疾病，发病后激素等治疗无效。根据发病经过，结合病历资料以及急性脊髓炎的诊断标准，本例不支持急性脊髓炎的诊断。被鉴定人的双下肢截瘫应属于无骨折脱位型脊髓损伤，与2004年5月23日的'下腰'动作有直接因果关系。被鉴定人目前遗有双下肢截瘫、双下肢肌力0级的损害后果，参照《人体损伤致残程度鉴定标准（试行）》2.2.3'截瘫（肌力1级）'之规定，构成二级伤残。"根据我中心的鉴定意见，本案已经启动了再审程序。

此后，类似的鉴定我中心又做了3起，其中有：A市某区人民法院委托的对吴某2010年9月12日在×少年之家舞蹈培训过程中做"下腰"动作后发生截瘫进行因果关系、外伤参与度等鉴定；B市某区人民法院委托的对余某某2010年12月17日在×儿童活动中心舞蹈培训过程中"下腰"动作后发生截瘫进行因果关系、外伤参与度等鉴定；C市某区人民法院委托的对郝某某2011年8月25日在×舞蹈学校跳舞时做弯腰动作摔倒后发生截瘫进行因果关系、外伤参与度等鉴定。后三例鉴定意见均被法院采信。

四、案后思考

1. 无骨折脱位型颈脊髓损伤的诊断并不困难，根据病史特征、临床表现、影像学检查等资料，一般均能确诊。该类型颈脊髓损伤的病史特征是遭受伸展性暴力，详细采集病史特别是受伤时的姿势和暴力来源很重要。头面部损伤有助于诊断，特别是合并颅脑损伤时更要注意鉴别。从临床表现上看，该类损伤有以下特征：（1）由外力直接导致的体表损伤往往较轻。无骨折脱位型颈脊髓过伸性损伤常较轻微或隐匿，多数情况下同时存在较重的颅脑损伤或颌面部损伤，且影像学检查多无异常征象，易被疏漏。（2）大多数表现为脊髓不全性损伤，但损伤伤情可以比较严重。（3）椎管内有明显致压因素或椎管狭窄，非手术治疗效果差，早期手术有利于脊髓功能恢复。（4）MRI 检查多数可见脊髓信号异常。无骨折脱位型颈脊髓损伤者大多存在各种原因所致的椎管狭窄，在较轻外力作用下可出现瘫痪等严重后果，因此疾病与损伤可能都是最终后果的重要原因，易产生鉴定结论争议，在伤病关系分析时应予重视。

2.“下腰”、“摔倒”等脊柱过伸运动与脊髓损伤的因果关系及参与度问题。根据临床医学研究的成果，“下腰”等脊椎过度后伸运动，外力较为轻微，虽不引起脊柱骨折、脱位及局部软组织损伤，外表亦可无任何损伤征象或痕迹，但可直接造成相应节段的脊髓损伤，进而可致截瘫，即脊柱过度后伸等轻微外伤与脊髓损伤等严重后果有直接因果关系。轻微外伤可引起脊髓严重损伤后果已成医学界共识，但是，由于法医鉴定界认识的滞后，尚有个别鉴定人对该损伤缺乏认识，出具错误的鉴定结论，导致鉴定意见混乱，有待法医界继续学习，跟上临床医学发展进程，统一认识，达成共识。另外，舞者多多，在众多的舞者中，绝大多数都曾做过“下腰”动作，练习“下腰”动作。绝大多数也都是从儿童少年时期开始，但是，造成无骨折脱位脊髓损伤的人毕竟是相对少数，所占比例甚小。同年龄、同年级的习舞者，同做一样的“下腰”动作，造成脊髓损伤的人也是少数，所占比例也甚小。纠其原因何在?

现代医学界已普遍认识到，引起无骨折脱位脊髓损伤除应存在外力作用即外因外，尚需要具备一定的个体条件，即具备一定的内因。少年儿童有较大的脊椎弹性、脊柱抗纵轴向拉伸性强，形成与脊髓的弹性差；脊柱椎体关节面发育不全、肌肉发育纤弱、关节囊松弛等致脊柱不稳定状态。在成人，则需具备发育性异常或患有退变性病变致椎管狭窄、脊柱失稳，脊髓储备间隙变小。作为生物体的人身，每个人都是按照不同的基因图谱生长发育的，每个机体解剖、生理状态均有不同，包括单卵孪生的个体，也均有一定差异。故而我们认为，每个人的个体解剖、生理发育状态是体育运动致无骨折脱位脊髓损伤形成的因素之一，脊柱过伸运动不是损伤唯一的因素。上述损伤可以是多因一果。但儿童少年脊柱、脊髓的弹性值有多少？二者之间的差异有多大？耐拉伸的值是多少？脊柱椎体关节面、肌肉、关节囊发育状况如何？脊柱不稳定性有多少？目前医学界尚无检查、测量方法，即对儿童少年上述发育状况尚不能具体量化，因此，对其在体育运动致无骨折脱位脊髓损伤中的参与度，司法鉴定尚无法确定。

3. 教育培训机构行为的评价问题。人体在儿童少年时期，脊柱的柔韧度较大，可塑性强，脊柱可以完成大角度的后伸—过伸，即“下腰”动作，该时期经过特殊训练，成年后脊柱仍可保有一定的柔韧度，能够完成脊柱的过伸运动而无损伤，达到舞蹈、杂技、武术、体操、跳水等艺术、体育运动项目的要求。人体成年后脊柱的柔韧度降低，可塑性差，就难以训练成功。成年后如未经过特殊训练，脊柱的后伸就受到一定的限制，一些文体运动的特殊动作就难以完成。自古以来，舞蹈、杂技、武术、体操、跳水等艺术、体育运动项目均是从儿童少年时期开始训练。“下腰”成为习舞者等运动项目的一个常规动作，一般情况下对人体并无伤害。也正是儿童少年时期脊柱生长发育的特性，当完成脊柱过伸等运动时，可导致无骨折脱位脊髓损伤，此观点已成医学界共识。胥少汀教授也公开告诫家长，送幼儿练习体操或舞蹈应该慎重，不宜轻易练习各种舞蹈、体操动作，年龄越小损伤越难以恢复，可能一辈子就瘫痪了。

那么，儿童少年期应遵循何种培训规范或准则、标准，既能保证习舞者的人身安全，又能达到培训目标？多大年龄开始训练最为合适？训练前如何测定个体的脊柱发育状况？如何确定个体脊柱耐拉伸的程度？如何根据个体发育状况指标确定训练强度？据检索结果，至目前为止，国内外并没有儿童少年练习舞蹈的安全标准可循，至于哪些舞蹈动作容易对习舞者造成伤害，舞蹈行业也无明文规定。

4. 损伤责任的承担。舞蹈等运动项目运动行为本身具有一定的风险性，教学双方均应有一定的预见性，这种风险不能人为克服与有效避免。因"下腰"等脊柱后伸动作引发的脊髓损伤是运动伤，属自伤范围，主要致伤原因是脊柱过伸对脊髓的牵拉、挤压和个体解剖、生理发育差异，为意外人身伤害范畴。舞者无过错，那么，教学培训机构是否有过错？过错行为是否参与了损伤的形成？这种风险应该由谁承担？首先应当明确，教学培训机构的教学培训行为，并不直接参与运动性脊髓损伤的形成，即使其行为具有过错，如保护不利等，其行为也只是没有达到避免或有效防止损伤后果的发生，属间接因果关系，此种情况应属于因果论中的偶然性。另外，需要明确的是"下腰"等舞蹈动作行为在脊髓损伤后果形成中的参与度并不是教学培训机构行为在损伤中的参与度，更不是教育培训机构的责任度。此种损伤影响巨大，家长和教学双方都难以承受，尤其习舞者家庭，有如灭顶之灾！是社会极大的不稳定因素。那么，应有更好的风险承担机制，才能有效化解纠纷，使社会和谐稳定！

目前由于此类损伤事件不断发生，人们已经普遍预见到舞蹈动作等脊柱后伸运动具有一定的风险性。该风险是客观存在的，是不以人的意志为转移的，发生与否是不确定的，不能人为避免的，能给人带来损害的客观事件，即意外事件，与临床工作中的医疗意外相类似，符合保险法中风险的范畴，亦属于法学上的不可抗力，在我国过错责任归责原则的民事法律框架下，教、学双方均无责任。因此，其责任承担，我们认为可参照机动车交通事故第三者责任强制保险、医疗意外险等做法，由国家有关部门如教育行政部门规定并实施“舞蹈、杂技、武术、体操、跳水”等特殊运动行业及练习、从业者“运动意外伤害责任”强制保险，将该运动损伤责任由保险机构承担。

谁是驾驶员？

一、案情简要

2009 年 8 月初的一个晚上，某县 20 岁的李某与几个朋友田某、张某、周某和何某晚上开一辆桑塔纳 2000 轿车沿省道以时速 80 公里左右在开往另一县城的路上时，迎面驶来一辆开着远光灯的车辆。会车后，桑塔纳驾驶者突然发现前方是一个急弯道。他下意识地紧急踩下了刹车，轮胎立刻在光滑的沥青路面上拖出了两条长长的痕迹，磨出刺耳的尖叫声，同时这辆桑塔纳轿车向对面车道滑去并以逆时针方向转了 180 度，重重地撞到路旁的一棵大树上，发出一声巨响。附近的居民闻声赶了过来，被眼前的场景惊呆了。车辆严重受损，副驾驶的位置向里凹进去一大块。车上五人中三人受伤，田某的左小腿骨折，不停地呼喊——有急诊工作经验的医生都明白，大声喊痛的通常没有生命危险！周某的嘴角撕开了一个大口子。伤势最重的是李某，仍躺在车里不省人事，他的头倒在副驾驶上，脚却在方向盘下面，副驾驶座位已经被血染红了。没有受伤的何某在惊吓之余打了求救电话。不久，当地消防队、急救医生以及交警赶来了，这时车辆周围已经聚集了不少围观的人。消防队员撬开了车门将李某抬了出来，车上其他几个人被分别送上两辆救护车赶往当地医院。处于昏迷状态的李某被立即转到某市中心医院救治，但由于伤势过重，抢救无效，一个星期后不幸死亡。

李某的哥哥在当地经营一家小厂子，家境不算富有，生活倒也算安逸。事发当晚知道弟弟出了事后，便立即从外地赶了回来。他向周某、张某等询问了情况，并配合交警对事故进行调查。案件调查过程中出现了一个关键的争议：田某与李某坐在车辆的前排，两人中究竟谁是这辆桑塔纳轿车的驾驶员？真正的情况只有车上的五个人知道，而李某伤后持续昏迷，不久便死亡，知道真相的就只剩四个人。在调查笔录中，四个人坚称李某是驾驶员，而李某的哥哥却声称他掌握的“证据”能够证明，事故发生时，真正的驾驶员是田某。

当地交警大队委托县公安局对李某进行了尸检，出具的尸检鉴定意见是：李某系因交通事故致重型颅脑损伤死亡。同时委托当地一家交通司法鉴定机构，对谁是驾驶员这一问题进行了鉴定。鉴定结果认定：发生事故时，李某为桑塔纳轿车的驾驶员。

事件的蹊跷之处在于，桑塔纳轿车撞坏最严重的部分在副驾驶位置，血也在副驾驶座上，副驾驶前的挡风玻璃上还粘有人体毛发组织，如果李某是驾驶员，那么，为什么伤的最重的不是副驾驶座上的田某？而田某仅仅是左小腿骨折，李某却在事故中丢了性命。

事发后，当地围观群众、急救医务人员、消防队员都能证明，李某在车上，头倒在副驾驶座位，脚在方向盘下，臀部则在两个座位之间。即使车上的四个人串通了证言，那些医务人员、消防人员及围观群众也不可能参与串供、说谎。所以，发现李某时这个体位描述应该是真实的。问题是，这个体位是如何形成的。最简单来说，可以认为他坐在驾驶员位置向副驾驶倒去，但是田在副驾驶位置，且撞击后变形的车辆使本不宽裕的副驾驶空间更加狭小，这样一来李某定然会倒在田某的身上，怎么可能毫无阻碍地越过田某的身体，脑袋直接倒在副驾驶座上留下一滩血迹？反之，如果李某真的在副驾驶位置上，脚在方向盘下面也并非说不通。毕竟车辆右侧的撞击为副驾驶位置，在撞击巨大的反冲力作用下，可将李某的腿部弹向左侧驾驶员位置。但是，我们也不能排除，在他人发现以前，田某或其他人在逃生时有意或无意对李某的身体进行了挪动，更何况当时李某并未死亡，病历表明伤后还出现过呕吐，也不能排除李某自己出于求生的本能进行了移动。如果李某确实被冤枉，那么又是谁在背后指使串供？这些推理都不能简单地证明谁是真正的驾驶者，而必须做进一步的勘察检验。司法鉴定工作者只相信事实，只能用科学证据说话。

二、委托鉴定

李某的哥哥深信田某就是驾驶员，弟弟在这场车祸中不仅失去了年轻而宝贵的生命，死后还要背负着肇事者的罪名，李家更要为此向事故的其他伤者支付一笔不小的赔偿。因此，他向公安机关提出申请，坚决要求进行重新鉴定。经过协商，当地交警队同意委托我中心对本案谁是驾驶员问题进行重新鉴定。

三、鉴定过程

2009年11月初，我中心派三位法医赶往该县，进行现场勘验和尸体检验。

我中心鉴定人与当地交警队取得了联系，复印了档案。在查看询问笔录时，有一处记录引起了我们的注意。周某曾说道，汽车在途中曾经停靠在路边，李某下车遮挡车牌。如果田某确实在事故时驾驶了车辆，这应该是他与李某互换驾驶位置的地方。笔录中，田某不承认自己会开车。

在案发的事故现场，我们见到了那棵要了李某命的大树。树皮被深深地撞掉一大块，树根下仍可见碎玻璃。事故车辆前部已经向内弯曲变形，右前轮向内凹陷挤压变形，车轮向后方移位，右前车门严重挤压变形并掀起前档风玻璃，粉碎程度以右侧为主。在玻璃右下角可以看见一处以同心圆形式向周围扩散的着力点，其中心粘附着毛发组织残留物——这正是交通事故引发头部撞击挡风玻璃最常见的损伤痕迹，其上方另有一处也遗留了少许毛发组织。右侧副驾驶座位上及靠背上可见大片血迹，驾驶员座位上未见血迹。我们提取了挡风玻璃上的两处毛发组织及副驾驶座位上的血迹，编号保存，以进行DNA检测。

通过尸检发现，李某右眉弓处有一长2.3cm的挫裂伤，已缝合。右面颊、颧部及右耳上方可见10cm×8cm范围的横行条片状表皮擦伤，右侧口腔内粘膜挫伤，右耳根部有一长2.5cm的纵形挫裂伤，已缝合。其损伤完全在右侧，李某颅脑损伤着力点在右侧，左侧未见明显外伤。巨大的冲击力致李某冠状缝哆开，颅骨骨折线延伸至双侧颞骨及颅底，右侧大脑半球广泛蛛网膜下腔出血，左侧小脑见对冲伤创口伴出血。我们调取了田某伤后住院病历，并见到了本人，发现田某在事故中仅有左小腿骨折，右侧无论是头面部和身体其他部位都未见损伤。

汽车右侧副驾驶受损非常严重，李某损伤皆在右侧，而田某仅有左小腿骨折，如果田某在副驾驶位置上，这种情况难以解释。我中心法医物证室的 DNA 检测结果也证实了鉴定人的判断：挡风玻璃上提取的组织系死者李某所留，副驾驶座位上的血迹与李某血迹 DNA 相同。经过综合分析，我中心于 2009 年 12 月 1 日出具司法鉴定意见书认为："被鉴定人李某身体主要损伤位于头部右侧，其右侧面颊、颧部、耳根存在大面积横行条片状擦挫伤；右眉弓处有一裂伤，周围见大面积青紫肿胀；颅骨骨折至冠状缝拆开，骨折线延伸至双侧颞骨、颅底；右侧大脑半球广泛蛛网膜下腔出血，左侧小脑伴出血，分析被鉴定人李某损伤，其受伤着力点应在右眉弓处。经勘查事故车辆，在前挡风玻璃右侧中下方见毛发组织物及血迹附着，经 DNA 检验系来源于李某；又根据前挡风玻璃破裂形状分析，其中心着力点很明确是在右下方，故分析认为事故发生当时，李某头部与轿车前挡风玻璃右侧撞击，自右前向左后方的猛烈撞击造成李某颅骨普遍变形、冠状缝拆开，右侧大脑、左侧小脑损伤，致开放性重度颅脑损伤。李某受伤时在车内的位置应是右侧的副驾驶座位。通过审查田某的住院病例可知，田某头面部并无开放性伤口，仅有左侧胫腓骨下段骨折，骨折下段向后方移位。当发生撞击时，车辆突然停止，田某左下肢处于支撑位置，受到由下向上的冲击力，可以造成相应骨折。根据田某骨折的性状和头面部没有撞击损伤的事实，我们认为，发生事故时田某在驾驶员位置，李某在副驾驶位置。”

我们揭开了事实真相，为死者及其家属做出了公平客观的鉴定结论。

四、案后思考

在所有证据中，人的言词证据是最不可靠的，而最可靠的是客观物证。在本案中，一方当事人已经死亡，查无对证；另一方当事人异口同声咬定死者李某是驾驶员，原先的鉴定意见也认为死者李某是驾驶员。我们就要做过细的工作，从现场勘查、尸体检验、物证分析，到当事人的证词，每一个环节都要通过事实和科学理论做出分析判断，针对问题进行合理解释。司法鉴定，永远以科学与事实说话，在鉴定过程中，必须抱有实事求是的科学精神，不轻信，不猜测，不先入为主而妄下结论。

本案事故现场照片见本书附件九。

手指畸形谁之过？

一、案情简要

某县孙某自2007年12月怀孕起即与县医院建立了孕产妇保健服务关系，除了进行常规体检外，孙某应医院要求分别在怀孕10周、16周、23周、32周、37周进行了五次B超检查，每次检查均提示胎儿发育良好、无畸形异常的表现。2008年9月孙某在该院顺娩一男婴，正当夫妻俩为孩子的诞生激动不已时，却被医院告知孩子右手拇指缺失、左手拇指食指并指畸形（见附图1、附图2），且经B超检查发现存在动脉导管未闭、房间隔缺损等先天性心脏病。怀孕期间按照医院要求定期去做产检，结果均提示正常，为何生下来却是一个畸形胎儿？孙某夫妇百思不得其解。自从孩子出生以后，全家人承受着身体及精神的巨大压力，孙某夫妇曾多次找医院协商，均无果。

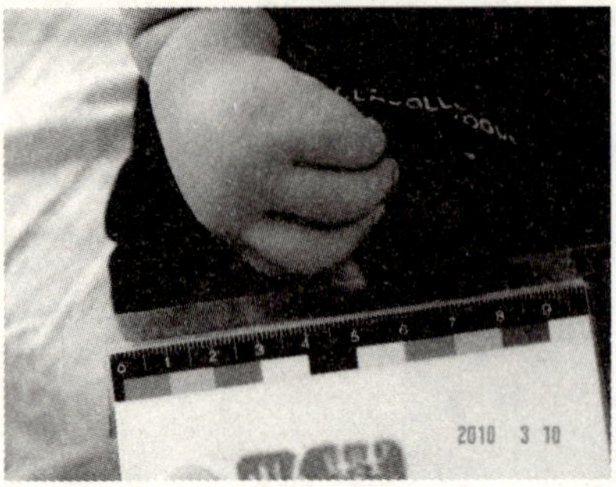

附图 1

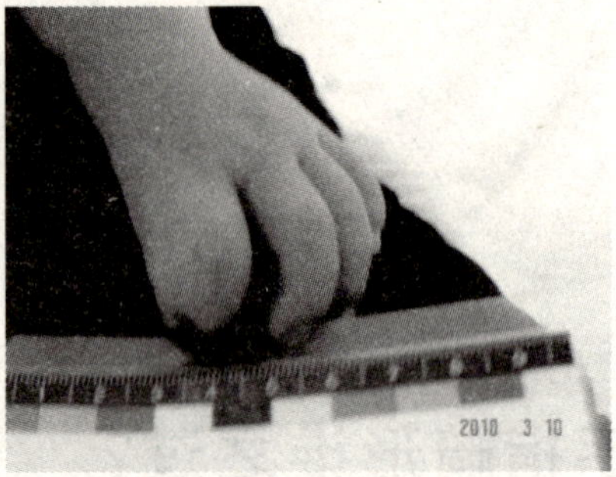

附图 2

2009 年 1 月，孙某以医疗服务合同纠纷为由向县法院提起诉讼。原告称，被告县医院对原告怀孕期间 B 超检查不仔细，造成原告不知道婴儿残疾一事，由于被告未能尽到告知义务，导致原告丧失了选择优生优育的权利，要求被告赔偿医疗费、护理费、残疾赔偿金、精神损失费等合计人民币 60 万元。被告则诉称其对孙某做的检查是常规性检查，不属于产前诊断，原告胎儿手指畸形及先天性心脏病不属于被告方常规检查范围内，被告并未违法操作导致原告胎儿畸形，且在告知单中已经提示了超声检查存在的缺陷，已尽到告知义务。

告知问题是本案争议的焦点之一，其中，被告县医院在其 B 超单中的告知信息这样写道：

1. 超声受被检查者各种因素以及胎儿体位、羊水、胎儿活动、胎儿骨骼声影等多因素影响，许多器官或部位可能无法显示或显示不清，超声影像也不可能将胎儿的所有结构显示出来。

2. 胎儿畸形的形成是一个动态发展过程，没有发展到一定程度时，有可能不为超声所显示。胎儿畸形和胚胎正常发育一样，随着孕周的增大，胎儿长大，胎儿畸形也随之增大。

3. 系统筛查胎儿畸形的时间为 18—24 周，须到具备产前诊断资质的医院检查，而本院超声检查的主要目的是检查胎儿生长发育。

4. 尽管超声检查能发现被检查者胎儿畸形，但不能检出所有胎儿畸形，即诊断符合率不可能达100％。

5. 根据卫生部相关文件规定，超声胎儿产前检查应检查出致死畸形，包括无脑儿、开放性脊柱裂、脑膨出、胸腹壁缺损内脏外翻、单腔心、致命性软骨发育不全等。

如此告知，是否充分呢？

2009年2月，县人民法院应原被告双方申请委托当地一家司法鉴定机构对被告县医院对原告孙某医疗行为是否存在医疗过错及因果关系进行鉴定。该鉴定机构鉴定认为：被告县医院由于医务水平、医疗条件的限制，未能检查胎儿全部器官的发育情况，故医院应该明确（书面形式）告知其家属该院B超检查存在的局限性，并对未能检查的部位及可能存在的畸形情况加以解释，但院方仅在报告单上进行常规性的附注“系统筛查胎儿畸形的时间为18—24周，须到具备产前诊断资质的医院检查，而本院超声检查的主要目的是检查胎儿生长发育”等注意事项，附注内容笼统含糊，未明确解释胎儿未能检查的部位及可能存在的畸形情况，亦未告知家属可以进行产前检查的相关情况及条件，故未履行明确告知义务，家属的知情同意权受到一定程度的限制。认定被告县医院存在过错，该过错与孙某产下畸形儿之间存在间接因果关系。

二、委托鉴定

接到当地鉴定机构鉴定意见后，县医院对该鉴定结果存在较大异议，认为其鉴定结论缺乏医学及法律依据，遂向法院申请重新鉴定，经法院合议庭合议后认为当地鉴定机构认定被告县医院过错理由不充分，有必要进行重新鉴定。最终在医患双方共同选定下，县人民法院委托我中心对该案件进行重新鉴定。

三、鉴定过程

我中心接受委托后，组织原被告双方召开了司法鉴定听证会，听证会上医患双方争执不下，患方认为其与医方建立孕产妇保健服务关系，定期于该院产检，医方即应该保证原告优生优育的目的，结果却使患方产出畸形儿，医方存在重大过错，且该案已经法院委托在当地鉴定机构进行了鉴定，其鉴定结论是合法有效的。医方则认为产前检查和产前诊断是不同的概念，且其B超报告单上已经做了备注，告知充分，对当地鉴定机构的鉴定结论不能认可。

因该案为重新鉴定案件，且双方争议较大，我中心给予了高度重视，通过我中心鉴定人员详细审阅提交材料，最终分析认为：

1. 关于诊疗行为：原被告建立的是以产前检查为目的的医疗服务合同，而不是以产前诊断为目的的医疗服务合同，产前检查仅对胎儿大致生长发育情况进行评估，而产前诊断才是以检查胎儿畸形为目的，所以被告医院仅对产妇进行常规检查，并无专门对胎儿畸形检查的义务。依据我国《中华人民共和国母婴保健法》及卫生部《产前诊断技术管理办法》的相关规定，只有孕妇存在羊水过多或者过少、胎儿发育异常或者胎儿有可疑畸形的、孕早期时接触过可能导致胎儿先天缺陷的物质、有遗传病家族史或者曾经分娩过先天性严重缺陷婴儿、年龄超过35周岁这五种情况下，医师才建议孕妇进行产前诊断。从法院提交的病历材料来看，原告孙某23岁，无遗传家族史，否认孕时接触可能致畸物质，也没有证据表明胎儿存在任何异常，故孙某没有进行产前诊断的条件，医院没有义务建议孙某进行产前诊断。而且卫生部《超声产前诊断技术条例》规定的应当在妊娠16～24周期间诊断出的胎儿畸形包括无脑儿、脑膨出、开放性脊柱裂、胸腹壁缺损内脏外翻、单腔心、致命性软骨发育不全等，原告孙某孩子不在此范围内，其双手手指畸形及先天性心脏病属于目前影像学难以作出产前诊断的畸形，医院未检出胎儿畸形，属目前医学水平所限。

2. 关于告知问题：虽然《医疗事故处理条例》、《中华人民执业医师法》、《医疗机构管理条例》等均对医疗机构或医务人员在诊疗护理过程中应履行的告知义务都有明确规定，但是告知到什么程度才算告知充分，却没有明确说明，这也是导致医疗纠纷与日俱增的重要原因。

通过我中心仔细审查提交的病历材料，被告县医院在其B超检查单中均附有详细的超声检查说明，已经提示超声检查具有一定局限性，不可能将所有胎儿结构显示出来，不可能检出所有的胎儿畸形，并告知仅检查胎儿一般的生长发育等，我中心认为此种“告知”无论从医学技术角度还是从知情告知的民事法律角度来看，被告医院均履行了充分的告知义务。

所以，我中心出具的鉴定意见为：县医院对被鉴定人孙某医疗行为不存在过错，孙某孩子双手畸形及先天性心脏病系自身发育异常所致，与医院医疗行为不存在因果关系。

我中心之所以作出了与当地鉴定机构相反的鉴定结论，主要是考虑到被告县医院并未违反医疗常规、法律规范，已经尽到了与当时医疗环境相适应的诊疗义务，在医学实践中，并不是所有的不良转归或结果都是医院医疗行为导致的。

最终，县人民法院采信了我中心的鉴定意见，判定被告县医院医疗行为不存在过错，不需承担赔偿责任，原告诉讼请求不予支持。

四、案后思考

据近两年的临床统计显示，胎儿畸形的漏诊率达到10%左右，由此引起的医疗纠纷已跃居产科纠纷的首位。该现象除了与我国公民的法律意识提高有关外，就诊人数的增多以及患者对医疗服务要求和预期越来越高，不能理解病情的变化和疾病发生发展的自然规律也是很重要的因素。

本身胎儿的畸形是其自身发育异常所致，不是医疗行为导致的，但是一个畸形婴儿的出生，对于其自身、家庭甚至整个社会都将是沉重的负担，所以很多产妇自怀孕起即定期到医院进行产前检查，每次检查结果均无异常，对于生一个健康的孩子自然信心满满，但孩子出生时却发现畸形，对此残酷的现实家属当然无法理解，这就很容易引起医疗纠纷。但是，我们在同情当事人不幸遭遇的同时，也应该冷静思考：医学实践是非常复杂的，不是所有的检查都能100%准确，任何仪器的检查结果既受其本身仪器性能的影响，也与操作者的技术水平和经验以及患者自身因素有关。若胎儿出生时是缺少一个上肢或下肢，这么明显的部位医院却没有检查出来，那说明不是技术或者仪器的问题，而是操作超声仪器的医生责任心问题，医院应该承担责任。但若胎儿出生时仅是手指、趾的缺失或畸形，则属于目前的检查手段还无法明确诊断的情况，应属医学的无奈。同时，我们也应该考虑就诊医院的级别和资质以及当时的医疗环境。另外，“知情告知”作为一个民事法律概念，与科学技术的鉴定实证过程还是不一样的。“知情告知”并不是医院免责的尚方宝剑，未履行知情告知义务也不是医院必然要承担责任的法定条件。作为鉴定人，我们主要是考虑医院在诊疗过程中是否违反诊疗规范、医学常规，是否采取了与当时医疗水平相适应的治疗措施，以及其医疗过错与患者的损害后果之间是否存在因果关系，告知与否并非是衡量医院过错的唯一条件。

在此，我们呼吁医患双方能够互相理解，患者要理解医学的局限性和疾病的复杂性，医生要有较强的责任心及过硬的专业水平，从而减少医疗纠纷的发生，使我们的社会更加稳定和谐。

严重畸形儿的降生悲剧

一、背景介绍

送检病历记载：2006年10月10日孕妇郭某在进行B超检查时，发现“胎儿下腹部见一20×23cm大小的无回声、类圆形、色膜完整、边界清”，超声印象“宫内中孕单胎约12周、胎下腹部囊性包块（请进一步检查）”。当日转诊于另一家医院B超复查，“未探及正常胎儿的双下肢形态，似可见环状光带”，超声提示“胎儿畸形（双下肢发育异常）、中孕”。为了更好地明确腹中胎儿生长发育的情况，郭某再次就诊于当地某三甲医院进行复查，12月5日该三甲医院B超检查提示未见明显异常。后郭某又分别于2007年3月2日、4月4日、4月18日在该三甲医院再次进行B超检查，均未提示胎儿异常。2007年4月20日郭某因孕足月入住该三甲医院，4月21日分娩一女活婴，该女婴“脐下皮肤菲薄性破损，内容物流出，可及肠管，无肛门，未及尿道及阴道口，肠管色泽红润，有水肿，耻骨联合严重分离，左足内翻畸形”。郭某认为该三甲医院对其在产前检查过程中，对所怀的异常畸形胎儿未予明确诊断，导致畸形儿出生，2007 年 10 月 13 日郭某将该三甲医院诉至当地法院，要求医院赔偿各项损失共计约 30 万元。

二、委托鉴定

2007 年 12 月 12 日我中心接受了当地人民法院的委托，对该三甲医院在诊疗规程中是否存在过错，该过错与畸形儿的出生是否具有因果关系，以及过错参与度进行鉴定。2008 年 1 月 18 日在我中心召开听证会，正式受理此案件。

三、鉴定过程

经我中心鉴定人员仔细审查法院提交的鉴定材料（第一家就诊医院门诊病历；第二家转诊医院超声报告单；被告三甲医院病历；某儿童医学中心住院病历）发现：被鉴定人郭某此次妊娠时已经 32 岁，此前妊娠流产 7 次，本次妊娠的胎儿应属珍贵儿。第一家就诊医院 2006 年 10 月 10 日超声印象：“宫内中孕单胎约 12 周、胎下腹部囊性包块（请进一步检查）”。第二家转诊医院 2006 年 10 月 10 日超声报告单“未探及正常胎儿的双下肢形态，似可见环状光带。超声提示：胎儿畸形（双下肢发育异常）、中孕”。而 2006 年 12 月 5 日、2007 年 3 月 2 日、4 月 4 日和 4 月 18 日，在被告三甲医院分别进行 B 超检查，提示宫内孕，单活胎，臀位，未发现畸形异常。

我中心鉴定人综合分析认为，郭某在2006年10月10日B超已经提示胎儿可能存在畸形的情况下，没有及时到上级医院进行产前系统检查和针对性超声检查，在2006年10月10日至12月5日期间没有任何就诊记录，我们认为郭某存在有侥幸心理，有讳疾忌医之嫌。在2006年12月5日至2007年4月21日郭某多次在被告医院定期做孕期常规检查，检查结果提示“宫内晚孕，单胎臀位”。这里所做的检查属于产科常规超声检查，只能对胎儿严重致死性畸形进行粗略的筛查。郭某所生女婴并非致死性的胎儿畸形。因此我中心于2008年3月3日出具鉴定意见：郭某在已经被诊断为妊娠的胎儿系畸形的情况下，未去上级医院进行产前系统胎儿超声检查和针对性超声检查，并选择继续妊娠，最终分娩出先天性畸形的女婴，不应归责于医院；被告医院在为郭某进行产前检查的医疗行为不存在明显过错。

法院收到我中心鉴定意见后，开庭审理，依据我中心鉴定意见，驳回郭某起诉，郭某因不服判决提起上诉至中级法院，中院认为原判决事实认定不清，证据不足，撤销该判决发回重审。

2008年10月10日法院再次与我中心取得联系，要求对该医院按照其现有的医疗条件和医疗水平，对郭某产前多次超声检查过程应尽到高度注意义务方面是否存在不足进行补充鉴定。我中心受到法院的委托函之后，再次审查鉴定材料，并予以回复，认为该女婴胎儿畸形较重，在医院多次超声检查没有发现异常，虽然有各种原因可以导致，但毕竟属于漏诊，责任比例可酌定为1～10％。法院再次审理后，作出判决：被告医院赔偿郭某的部分医疗费、误工费、护理费、交通费、住宿伙食补助费、营养费、精神赔偿金，对于要求赔偿患儿的医疗费用不予支持。

此次判决后，郭某仍不服该判决，并再次上诉至中级人民法院，在此其间郭某及其家人多次来我中心，表示对我中心出具的鉴定意见有异议，认为鉴定结论不公平，情绪较激动，我中心鉴定人员认真接待，对其进行安抚，并充分听取其意见。我中心鉴定人员注意到郭某反映的一个重要情况，就是在2006年10月17日郭某曾到过被告医院进行就诊，医生仅仅是给开了钙片，并没有书写病历也没有给开任何检查，在充分了解上述情况后，我中心鉴定人考虑，若是在2006年10月17日郭某曾经到该院就诊，如果是由于医生的疏忽没有给其开具超声检查单，导致其错过畸形胎儿诊断的最佳时期，那么医院就应承担责任。因此，我中心鉴定人员建议郭某再次回到法院，将上述问题陈述于法院，我中心可就该情况给予补充鉴定。

为积极配合法院工作，我中心经与法院沟通后，决定由我中心鉴定人员到当地进行听证。2010年9月20日下午，我中心鉴定人员抵达中级人民法院，主审法官及原被告双方参加了听证会。会上双方充分陈述了自己的观点，并补充了鉴定材料：2006年10月17日郭某就诊于被告三甲医院的门诊病历本以及门诊医药费收据。

经过仔细审查补充的鉴定材料，我中心鉴定人员发现该门诊病历本封面虽记载有郭某的姓名，但其余内容均未填写，门诊病历内没有关于郭某当天就诊时的任何记录。结合当日的门诊医药费收据，我们认为当天郭某就诊时，被告三甲医院并未给郭某安排B超检查。鉴于上述情况，我中心对之前出具的鉴定意见予以修正及补充，综合分析认为，胎儿畸形主要为先天性无肛门、无尿道、无阴道、耻骨联合严重分离、左足内翻畸形，属于其自身生长发育所造成，并非由医院的医疗行为所造成，但是由于被告三甲医院未能尽到谨慎注意义务，未能及时安排郭某进行B超检查，从而错过了诊断的最佳时机，导致郭某丧失了对畸形胎儿是否继续妊娠的选择决定权。因此，我们于2010年10月25日出具补充鉴定意见：被告三甲医院对郭某的诊疗行为存在过错；该过错与畸形儿的出生（损害后果）之间存在因果关系。

根据我中心的鉴定意见，法院最终判决认为，郭某在被其他医疗机构B超诊断提示有婴儿发育畸形可能的情况下，与被告三甲医院建立医患关系并进行产检直至分娩。由于被告三甲医院对原告郭某的医疗行为未尽到高度注意义务，致原告郭某未能在孕育期间发现婴儿发育畸形的异常，从而导致原告郭某丧失了选择是否终止妊娠的权利，其直接后果就是畸形胎儿的娩出并存活。残疾婴儿作为存活的独立生命个体，并不应因其身体的残疾而贬低其生命的价值和降低其生活质量，也理所应当的享有一个健全生命所应当享有的所有权利。由此可见，原告郭某今后必须面对患儿的健康成长和走向社会所带来的巨大压力和痛苦。所以被告三甲医院应为其漏诊行为给原告带来的精神损害后果承担赔偿责任，承担患儿的后续治疗部分费用。

三、案后思考

首先，本案例从接受委托到最终出具补充鉴定意见，前前后后历时两年多的时间。造成上述情况的直接原因就在于委托单位在送检材料时没有对材料进行严格的审查，导致送检材料不完整，进而造成鉴定结论的不严谨。针对上述情况，委托单位可以将新补充的鉴定材料提交鉴定机构，并提出补充鉴定。补充鉴定可以由原司法鉴定人进行，也可以由其他司法鉴定人进行。补充司法鉴定文书是原司法鉴定文书的组成部分。补充鉴定是由原鉴定人作出，是对原鉴定的补充或修正，若是对原鉴定的补充则应将原鉴定结论与补充鉴定结论结合使用；若是对原鉴定的修正，则以补充鉴定的鉴定结论为准。公安司法人员或当事人等在对鉴定结论进行分析研究后，若认为所作结论不够完备、不够明确或提出了新的问题、或发现与案件有关的新资料，可以决定或申请将已鉴定或新发现的检体，仍交给原委托的鉴定人进行检验，鉴定人对新问题的解答或所作的修正补充，就是补充鉴定。本例中在 2008 年鉴定后，当事人又补充了与案件有关的材料，经法院质证认可，我中心鉴定人员审查后认为此材料对原鉴定意见有影响的情况下，于 2010 年予以进行补充及修正，最终鉴定意见被中级人民法院所采纳。这种自我纠错的处理，平息了矛盾，化解了纠纷，起到了很好的社会效果。

其次，妇产科一直是医疗纠纷的高发科室，尤其是产科的医疗纠纷与其他科室的医疗纠纷有很大的不同，一是产妇的医疗和处理都涉及到胎儿安全，甚至关系到胎儿的生命，责任重大。二是产妇到医院生小孩本是一件高兴的事，一旦出现意外，产妇和家属的情绪波动会很大，产生的纠纷不容易调解。

本例中畸形儿的出生是由多种因素造成的，郭某此次妊娠已经 32 岁，且之前曾七次流产，本次妊娠应予以高度重视，应在孕期避免各种不良因素，做好孕期保健，建立保健手册，配合医生做好产检，医院对于此种高危孕妇也应予以高度警惕，尤其是郭某之前在其他医院 B 超已经提示胎儿发育异常，作为当地三级甲等医院应予以完善的检查明确诊断。患儿的畸形虽是其自身生长发育所造成，但医院的疏忽导致郭某丧失了对畸形胎儿是否继续妊娠的选择决定权。若医院在首次就诊时就对郭某的胎儿情况予以足够的重视，完善检查，督促其配合医生进行产检工作，可能本次医疗纠纷即可避免。

第三，本例畸形儿的出生给家庭及社会带来的负担已经无法弥补，世人只能从其中吸取教训总结经验。胎儿先天畸形是指由于内在的异常发育引起的器官或身体某部位形态学缺陷，又称出生缺陷，人类具有较高的出生缺陷，出生缺陷发生可能性由高到低顺序依次为无脑儿、脑积水、开放性脊柱裂、脑脊膜膨出、唇裂、腭裂、先天性心脏病、21 三体综合征、腹裂、脑膨出。

胎儿发育分为胚细胞阶段、胚胎阶段及胎儿阶段。由于各阶段对致畸因素作用的敏感性不同，其结局亦不尽相同。胚胎阶段最敏感，致畸因素作用后可导致胎儿结构发育异常；胎儿阶段致畸因素作用后仅表现为细胞生长异常或死亡，极少发生胎儿结构畸形。造成先天性畸形的原因有多种。遗传因素是人力无法改变的，而环境因素则主要是人为因素，其中包括了感染、环境污染、药物摄取等诸多因素。胎儿是否会有不同程度畸形，主要取决于遗传与环境。怀孕的头三个月是胎儿神经管发育的关键期。

70％左右的出生缺陷发生在非计划妊娠的情况下。因此，为了避免胎儿的异常，妊娠期应尽量避免各种不良因素，为了预防胎儿畸形，孕妇从孕早期开始（最好从计划怀孕开始），就需要补充叶酸。同时，定期做产前检查，配合好医生，也是避免异常新生儿出生的积极手段。确诊怀孕后，孕 12 周时需到街道医院进行初次产前检查，并建立孕妇联系保健手册。以后的产前检查，可以选择在二级医院或决定分娩所在的医院里进行。不同时期检查的重点不同，一次超声检查不可能将问题全部检出，所以孕早期超声检查不能代替孕中期检查，中期检查也不能代替晚期检查，只有三者结合方可达到较高的检出率，对保证产前超声筛查的质量起到重要作用，尽可能避免胎儿畸形的漏诊，降低围产期死亡率。

第四，送检材料一定要全面。我中心开始的鉴定之所以得出医院不存在过错的鉴定意见，是基于被鉴定人已经知道自己的孩子存在畸形而长时间未到上级医院进一步检查的客观材料，被鉴定人自己也没有意识到“2006 年 10 月 17 日空白的门诊病历本和取钙片、维生素等门诊医药费收据”的证据价值，在诉讼过程中没有向法院提交。直到法院作出对其不利的判决后，到我中心反映情况时，才谈及 2006 年 10 月 17 日就到过被告医院就诊，空白的门诊病历本和门诊医药费收据成为本案的关键证据，由此改变了案件的走向。

丙肝之惑

一、案情摘要

1990 年 3 月 7 日，被鉴定人王某因交通事故致头面部软组织撕裂伤入住某市中心医院进行治疗，3 月 7 日市中心医院为被鉴定人输血 300 毫升，3 月 12 日王某出院。2008 年年初，被鉴定人在血站义务献血后数日被告知患有丙肝，2008 年 3 月 1 日检验出丙肝抗体为阳性。2008 年 4 月 18 日在市第二医院被确诊为慢性（中度）病毒性丙型肝炎。王某以医疗损害赔偿向某省基层法院提起诉讼。

该基层法院民事判决书综合认定本案事实如下：1990 年 3 月 7 日凌晨，原告王某因交通事故致头面部软组织撕裂伤入住被告市中心医院口腔科进行治疗，1990 年 3 月 12 日出院。治疗期间，被告于 1990 年 3 月 7 日为原告王某输入 B 型全血 300 毫升，该 300 毫升全血系被告自采自供。被告对采血员的情况没有详细记载，亦未能提供献血者档案、采血记录、献血员体检单。庭审中，被告称其供血资料依据国家有关规定仅保存十年，医院已对超过保存期的资料进行了处理。2008 年年初，原告在血站义务献血后数日被告知患有丙肝。至 2008 年 4 月已花费医疗费 1 万多元。医院诊断证明书的处理意见为：建议应用干扰素、利巴韦林联合抗病毒治疗及保肝、抗肝纤维化治疗。皮下注射聚乙二醇干扰素 a－2a（派罗欣）注射液每周 180ug；利巴韦林胶囊 0.3g，每日 3 次；每两月复查 HCV-RNA、肝功能、血常规。根据 XX 市第二医院的病人费用清单，显示聚乙二醇干扰素 a－2a180ug1 支的单价为 1200 多元，利巴韦林胶囊 0.15g1 粒的单价为 0.37 元，检验费为每次 600 多元。本院认为，公民的生命健康权受法律保护。医疗服务机构在服务过程中，对患者的生命健康负有高度的安全注意义务。被告在为原告输血时，对献血者的情况没有详细记载，亦未能提供献血者的档案、采血记录、献血员体检单等相关证据，导致认定医疗损害的因果关系及过错要件的证据不存在，对此被告应承担举证不力的法律后果。同时被告未能举出原告患有的丙肝系其他途径传染所致的证据，因被告不能证明自己无过错，又不能证实原告有过错，应推定被告存在过错，承担全部赔偿责任。原告主张的营养费约 3 万元属合理开支，应予支持；主张的精神损害抚慰金过高，酌定为 1 万元；继续治疗费用中的派罗欣注射液，综合考虑各方面因素，由被告承担一半费用较为妥当，口服药及检查检验费被告应予承担。判决如下：被告市中心医院于本判决生效后 15 日内赔偿原告，赔付各项费用共计约 22 万元。

市中心医院不服判决提起上诉，二审判决认为：本案系一起因输血引起的医疗侵权纠纷。根据《最高人民法院关于民事诉讼证据的若干规定》的规定：被上诉人仅需要提供在上诉人处输过血且已感染丙肝病毒的事实即完成举证责任。本案中被上诉人显然已做到这一点且上诉人对该事实予以认可。现上诉人应就本案中对被上诉人的医疗过程中不存在过错以及医疗行为与被上诉人的感染丙肝不存在因果关系进行举证。但上诉人在一、二审中均未提供该方面证据。上诉人认为 1993 年之前受医学技术限制、相关法律法规并未规定对丙肝的检测，其在为被上诉人输血时是严格按照 1984 年体格检查标准操作的，院方没有过错。但同时又表明由于档案管理需要，已将当年的输血资料销毁，以致无法提供相关资料。本案中，上诉人为被上诉人输血系从献血员直接采用而来，相关资料理应保存在被上诉人住院病历之中。根据卫生部 1994 年颁布的《医疗机构管理条例的实施细则》规定：住院病历的保存期不得少于 30 年，依该规定，上诉人对上述资料目前应当仍予保存而不能销毁。上诉人的上述辩解理由明显无据，应当承担举证不能的法律后果。原审法院依此推定上诉人存在过错，适用法律正确。判决驳回上诉，维持原判。

二、委托鉴定

在终审判决已经生效，赔偿费用已经给付的情况下，市中心医院委托中国卫生法学会常务理事、某大学医学部一名教授代理案件的申诉。该教授通过律师事务所委托我中心就被鉴定人王某患有的丙型肝炎与 1990 年 3 月 7 日的输血是否存在因果关系，市中心医院对被鉴定人的医疗行为是否存在过错等事项进行法医学书证审查司法鉴定。

三、鉴定过程

我中心接受鉴定委托后，认真对相关材料进行了审查，从科学的角度论证医院的医疗行为是否存在过错，王某患有的丙型肝炎与 1990 年 3 月 7 日的输血是否存在因果关系以及丙型肝炎合理的治疗方案。

1. 被鉴定人王某头面部软组织撕裂伤入住市中心医院治疗，医院给予输血 300ml 的治疗方案是正确的。现在需要分析的问题是：1990 年 3 月 7 日输血 300ml，2008 年 4 月 18 日确诊患有慢性中度病毒性丙型肝炎，从输血到确诊患有丙肝，相隔大约 18 年，两者之间是否存在因果关系。

关于慢性丙型病毒肝炎（HCV）传播途径的分析：虽然 HCV 的传播途径中以血液传播为主，但是血液传播不只是包括输血，还包括注射、针刺、经破损皮肤黏膜传播、共用剃须刀、牙刷、理发用具、纹身等潜在的传播方式。并且日常生活密切接触也可传播，部分 HCV 感染者传播途径不明，散发的 HCV 感染者中约 40％无明确的输血、注射史。

关于病毒性丙型肝炎潜伏期的分析：2002 年 7 月 5 日，权威的中国疾病预防控制中心病毒病预防控制所针对另一案件中某市中级人民法院“输血纠纷案”的学术回答中指出：“输血后丙型肝炎潜伏期从输血日算起至出现临床症状，最长可达 3 个月。生活接触性丙型肝炎，多则 6～8 个月不等。本案例患者受血日至查出丙型肝炎抗体的时限已接近 7 年，故与输血后丙型肝炎无任何关联。”卫医血发［1998］第 40 号关于输血诉讼案件有关技术问题请示的复函中指出“丙型肝炎的潜伏期因受患者的免疫力、病毒毒力以及感染程度等因素的影响，不同个体之间可出现较大的差异，一般为 20～180 天，平均为 60 天”。卫生部规划教材、全国高等学校教材《传染病学》一书中也指出：“丙型肝炎潜伏期为 2 周～6 个月，平均为 40 天。”从以上可以看出，虽然规定的病毒性丙型肝炎的潜伏期不等，但最长不超过 8 个月，并且中国疾病预防控制中心病毒病预防控制所的学术回答中明确指出受血后 7 年查出丙型肝炎与输血无任何联系。

具体到本例，从输血到查出患有丙肝长达 18 年之久，无论从传播途径还是从潜伏期上分析，均不能认定被鉴定人王某 1990 年 3 月 7 日的输血与 2008 年初确诊的慢性丙型病毒性肝炎之间存在因果关系。

同时，分析一个具体的医疗纠纷案例，不能离开当时的科学技术发展水平和医疗卫生机构的规定。丙型肝炎病毒（HCV）是 1989 年经分子克隆技术发现的，归为黄病毒科丙型肝炎病毒属。在 1990 年的时候，国内外医学界对于丙型肝炎的诊断、治疗、预防问题还缺乏足够的认识，所以，卫生部于 1984 年 10 月 11 日发布的《献血体格检查参考标准》中的化验检查项目并没有包括对丙型肝炎病毒（HCV 抗体）的检测；直到 1993 年 7 月 1 日卫生部发布的《血站基本标准》才规定对供血者检查丙型肝炎病毒（HCV 抗体）。市中心医院给被鉴定人王某输血治疗是在 1990 年 3 月 7 日，此时对献血者的化验项目中不包括对丙肝的检测。医院虽然没有保存献血员的相关资料，但不能以此就推定医院存在过错。我们认为：根据 1990 年的医学发展水平和卫生行政部门的规定，市中心医院对被鉴定人王某进行输血治疗的医疗行为不存在过错。

我中心出具的鉴定意见为：不能认定王某 1990 年 3 月 7

日的输血与 2008 年初确诊的慢性丙型病毒性肝炎之间存在因果关系。

2. 关于慢性丙型病毒性肝炎的治疗规范

“慢性丙型肝炎的治疗：治疗的主要目的是清除或永久抑制肝炎病毒，降低肝炎病毒的致病性和传染性，从而中止或减轻肝脏的炎症和坏死。治疗前应进行 HCV-RNA 基因分型（1 型或非 1 型）和 HCV-RNA 定量分析，以决定干扰素和利巴韦林抗病毒治疗的疗程以及利巴韦林的剂量。利巴韦林是口服鸟苷类似物，又名病毒唑，具有广泛抗 DNA 和 RNA 病毒作用。（1）HCV-RNA 基因 1 型和（或）HCV-RNA 定量$<2.0\times10^6$ 拷贝/ml 者可选用下列方案之一：A. PEG-IFNα（180μg，每周 1 次皮下注射）联合利巴韦林（1000mg/d，口服）。第 12 周复查 HCV-RNA，对 HCV-RNA 阴性或低于定量法最低检测限者继续治疗至 48 周；下降幅度＜2 个对数级，则考虑停药；未转阴但下降≥2 个对数级，则继续治疗至 24 周。如 24 周时转阴可继续治疗至 48 周，如仍无转阴，应停药观察。B. 普通 IFNα（3～5MU，隔日 1 次肌肉或皮下注射）联合利巴韦林（1000mg/d）治疗 48 周。C. 不耐受利巴韦林者可单用 IFNα、复合 IFN 或 PEG-IFNα。D. 在上述治疗的基础上加用胸腺肽－α，疗程 6 个月。（2）非 HCV 基因 1 型和（或）HCV-RNA 定量$\geq2.0\times10^6$ 拷贝/ml 者可选用下列方案之一：A. PEG-IFNα（180μg，每周 1 次，皮下注射）联合利巴韦林（800mg/d），治疗 24 周。B. 普通 IFNα（3MU，隔日肌肉或皮下注射）联合利巴韦林（800～1000mg/d）治疗 24～48 周。C. 不耐受利巴韦林者可单用普通 IFNα 或 PEG-IFNα。应用干扰素联合利巴韦林治疗后的第 2 周检测 HCV-RNA 水平，是评估 HCV 能否持久应答的最佳时间。一般药物治疗：常用的保

护肝细胞、减少炎症和改善肝功能的药物和传统中药等。”（王吉耀主编《内科学》，人民卫生出版社 2006 年 12 月第 1 版，第 475 页）

关于慢性丙型病毒性肝炎的治疗，在治疗前应进行 HCV-RNA 基因分型（1 型或非 1 型）和 HCV-RNA 定量分析，从而决定干扰素和利巴韦林抗病毒治疗的疗程以及利巴韦林的剂量，同时还包括一般药物治疗，包括保护肝细胞、减少炎症和改善肝功能的药物。总之，对于丙肝的治疗，应按以上规定的方案规范治疗，使用干扰素正规的疗程为一年。

四、案后思考

1. 关于丙型病毒性肝炎

丙型肝炎是一种流行较为广泛的病毒性疾病，是对社会及经济有重要影响的全球性健康问题。据估计，全球有 1.7 亿人口，即全世界人口的 3%左右感染了 HCV，而且每年有 300 万～400 万新发病例。我国抗 HCV 的阳性率平均为 3.2%。在 HCV 感染者中，实际上仅有 20%的患者被诊断出丙肝感染，所以，应加强进行抗 HCV 筛查，以发现大量无症状 HCV 感染者。HCV 的传染源主要是丙型肝炎患者和无症状 HCV 携带者。HCV 传播途径主要经血液途径传播。但是在各个国家的传播方式有所不同。在许多发展中国家，主要的传播方式是输血，其次为使用未经消毒的注射用具。HCV 血清阳性的母亲，传播给婴儿的概率约为 2%。性接触也可传播 HCV，夫妻传播的概率为 2%～3%。共同使用物品，如剃须刀、牙刷、日常生活密切接触等可能也是 HCV 传播途径。有

15%～30%的散发性丙型肝炎，其传播途径不明。易感人群：人群普遍易感。丙型肝炎的潜伏期为2～26周，平均为50日。输血后丙肝潜伏期为7～33日，平均为19日。丙肝实验室检查为肝功能检查：慢性丙型肝炎患者的ALT多呈轻度升高，且反复波动，部分呈持续升高。血清学检查：临床上最为常见的为酶免疫分析（ELA），其次为重组免疫印迹试验（RIBA），后者可作为确证试验。病毒学检测：主要是HCV-RNA检测，包括定性和定量检测方法。定性检测：对抗－HCV阳性的HCV持续感染者，需要通过HCV-RNA定性试验确证。HCV-RNA的定量检测：常用的方法可分为两类，即PCR基础上的靶基因扩增检测和信号扩增检测。抗GOR抗体检测：目前认为抗GOR是HCV感染时特有的自身抗体。丙肝的治疗：丙型肝炎的治疗目标是清除HCV或长期抑制HCV的复制，减轻肝组织炎症反应，阻止肝硬化、肝癌的发生。通过α干扰素抗病毒治疗，约有1/2或以上的慢性丙型肝炎患者可清除HCV。慢性丙型肝炎的抗病毒治疗：PEG干扰素联合利巴韦林是目前慢性丙型肝炎的最佳治疗方案。PEG干扰素为每周一次，皮下注射。应用派罗欣时，成人剂量为180ug/次，一般不需要根据体重调整剂量。而应用佩乐能时，需根据体重调整剂量，剂量为1.5ug/kg体重。疗程可根据基因型而定。利巴韦林的剂量为13～15mg/（kg.d），分次口服。PEG干扰素联合利巴韦林治疗48周，总的SVR可达54%～56%，1型患者的SVR为42%～46%，而2型及3型患者的SVR可达76%～82%。对于非1型患者只需联合用药24周、采用较小剂量的利巴韦林（800mg/d）即可。普通干扰素的剂量为300～500万单位，隔日1次或每周3次，皮下注射，疗程一般为1年。目前没有文献规定，干扰素需要长期和终生治疗。

2. 关于诉讼技巧

本案已经有发生法律效力的一审、二审判决，赔偿费用已经执行完毕，作为公立医院，已经付出的费用不可能再执行回转，为什么还要申诉下去呢？提起申诉，以什么为切入点？本案的诉讼经过，有什么值得吸取的经验和教训？

一般情况下，医疗损害赔偿诉讼，多数是患方主动提起医疗行为存在过错，过错与损害后果存在因果关系的鉴定，很少有医院主动提起医疗行为不存在过错，与损害后果不存在因果关系的鉴定。可能医院的管理者、当事的医务人员、代理律师认为，对于医学技术问题，医方占有明显的优势，完全可以自己完成"医疗行为不存在过错，与损害后果不存在因果关系"的举证责任，其实不然，自己证明是很苍白的，往往不会被人信服，也不会得到法庭的认可。让中立的第三方、让专业的司法鉴定机构通过技术鉴定来完成证明过程，就非常有力。本案的一、二审诉讼，法院之所以判医院败诉，排除其他因素，从诉讼技巧的角度分析，医院败就败在缺乏一个有说服力的技术鉴定支持。

一审法院认定医院承担赔偿责任的理由是：医院未能提供献血员的档案资料等相关证据，导致认定医疗损害的因果关系及过错要件的证据不存在，医院承担举证不力的法律后果；医院未能举出原告患有的丙肝系其他途径传染所致，应推定医院存在过错。依据《最高人民法院关于民事诉讼证据的若干规定》、《中华人民共和国民法通则》、最高人民法院《关于审理人身损害赔偿案件适用法律若干问题的解释》相关规定，根据医疗纠纷案件举证责任倒置的相关规定、献血员资料的缺失以及医院不能举证两者之间没有因果关系的证据，法院判决医院承担损害赔偿责任并无不当。一审判决后，医院不服提起上诉，但医院对案件并没有引起重视，没有找到有力的新证据，二审驳回上诉，维持原判也理所当然。但是，如果本案在一、二审阶段，医院能提供类似我中心的鉴定意见，证明：丙型肝炎病毒（HCV）世界上是在1989年才发现，在本案案发时的1990年，国内外医学界对于丙型肝炎的诊断、治疗、预防问题还无从认识，当时根本没有丙型肝炎病毒的检测项目；丙型肝炎的传染途径不是只有输血一种，还有其他多种途径；丙型肝炎的潜伏期最多只有8个月，输血18年后发病应当与输血没有关系；丙型肝炎的正规疗程只需要一年等问题，有可能就会改变一、二审的判决结果。

尽管案件的判决已经生效，似乎再做鉴定也只是亡羊补牢，但这次鉴定的启动还是很有意义的：一是给此类案件的诉讼提供一个借鉴，启动鉴定是当事人的基本权利，当事人可以在诉讼的任何时候主动提起鉴定委托；二是将阻止无休止的赔偿请求，本案已判决的赔偿只是5年的治疗费用，5年后原告有可能继续提起后续治疗费用，通过鉴定证明，合理的治疗期限只有1年，从而以后其主张也不会得到法律的支持。

医疗纠纷案件的诉讼双方当事人、代理人等应充分认识到证据的重要性、司法鉴定的必要性。科学技术是不断发展的，每个时期的医疗水平都有其局限性，医务人员在诊疗活动中尽到与当时医疗水平相应的诊疗义务，造成患者损害的，医院机构不应当承担赔偿责任。

谁损坏了肾脏

一、案件背景

1999年10月，某省H市的一位54岁的女士郑某因反复尿频、尿急、尿痛及腰腹部隐痛前往H市人民医院就诊，院方诊断为急性膀胱炎，经过抗炎输液治疗，郑某病情逐渐好转，10月21日行腹部平片（KUB）及静脉尿路造影（IVP）检查未见异常。正当郑某为疾病的逐渐治愈准备出院回家时，却被医院告知需要进行一个叫“膀胱镜逆行尿路造影”的检查以明确诊断。病情不是已经诊断明确而且经过治疗好转了么，怎么还需要继续检查呢？郑某虽觉纳闷，但因自己是病人且不懂医学，也就没再多问，就在10月22日做了该项检查。检查结果为“符合膀胱炎，肾脏输尿管未见异常”。令她万万没想到的是，就在该项检查做完后的第二天，郑某就出现了腰部及下腹部疼痛加重、血尿等症状。主治医生考虑为逆行造影检查时泌尿系统有一定损伤，虽经抗炎对症治疗，郑某腰痛腹部隐痛的症状一直未见好转，郑某无奈，只得继续住院半个多月后出院回家休养。回家后郑某病情一直未见好转，病情反复，多次就诊其他医院，经检查被诊断为间质性肾炎、支原体感染、压力性尿道炎，并逐渐出现右肾萎缩、左肾积水。自此，郑某承受着身体、精神及经济上的多重压力，生活不堪负重。一个小小的膀胱炎非但没有治好，怎么会在一次逆行造影检查之后，落得如此严重后果？后来郑女士打听到，为她做“膀胱镜逆行尿路造影”检查的是实习医生魏某，该项检查并没有得到主治医师的同意和指导。

为此郑某曾多次找 H 市人民医院协商，并申请市医学会鉴定，但最终市医学会鉴定认为：H 市人民医院“逆行造影术”按规范操作，术后出现血尿，医生给予积极处理后血尿消失，未发生直接导致郑某目前损害后果的过失。郑某医疗纠纷符合《医疗事故处理办法》第一章第三条之规定，不属于医疗事故。

对此结果，郑某断然不能接受。2003 年 12 月 4 日，郑某向市人民法院提起诉讼，要求 H 市人民医院赔偿医疗费、精神损失费、鉴定费等共计 15 万余元，并申请对被告 H 市人民医院医疗行为是否存在过错及因果关系进行司法鉴定。后经法院委托省高级人民法院内设的某法医鉴定中心对被告 H 市人民医院医疗过错、因果关系进行司法鉴定。然而该鉴定中心认为郑某住院期间，H 市人民医院为明确诊断进行逆行造影检查，符合医疗原则，膀胱镜逆行插管造影检查为无创性检查，与郑某的损害后果没有因果关系。出具的鉴定结论为：H 市人民医院医疗行为不存在过错，与郑某损害后果不存在因果关系。最终市人民法院采纳了市医学会及该鉴定中心的鉴定意见，于 2004 年 5 月 8 日作出驳回郑某诉讼请求的判决。

郑某燃起的希望再次破灭，她怎么都无法理解那次逆行造影检查有何必要以及该次检查过程中给她带来的痛苦。既然H市人民医院逆行造影操作规范，又怎会造成血尿的后果？泌尿科的专家都说逆行造影检查是有创性检查，而省高院鉴定中心为什么却认定该检查是无创检查？最让她失望的是市人民法院居然采信了市医学会及鉴定中心的结论，实在心有不甘。郑某决定，就算倾家荡产也要把这官司打下去。于是，郑某向市中级人民法院提起上诉，2005年7月26日市中级人民法院裁定撤销原判，发回市人民法院重审。重审期间原告郑某向法院提出要求市医学会及鉴定中心鉴定人员出庭接受质询，但经法院通知，鉴定人未出庭接受质询。郑某又申请重新鉴定，但也遭到了法院的拒绝。2005年12月15日，市人民法院认为原告郑某的陈述和提供的证据不能证实市医学会和鉴定中心程序违法或鉴定结论依据不足，在鉴定人未出庭接受质询的情况下，仍采信了原鉴定结论，再次驳回了郑某的诉讼请求。

郑某再一次向市中级人民法院提起上诉，要求撤销原判决，改判支持其诉讼请求。2006年5月8日，市中级人民法院以二审审理查明的事实与一审一致、郑某无任何证据抗辩也无其他证据佐证为由驳回了她的上诉请求，维持原判。

一审、二审都以败诉告终，郑某作为患者，接受治疗是被动的，又不具有医学常识，若要拿出足以推翻原鉴定的证据难上加难。此时，她又将希望寄托于再审，可是再审的启动谈何容易呢？但就算有一线可能，郑某都不愿放弃。2006年10月15日，她以一审、二审法院认定事实错误、鉴定结论不能取代人民法院的审判活动为由向市中级人民法院提起申诉，希望能够启动再审程序，但市中级人民法院以申诉理由不成立为由驳回了郑某的申诉请求。

一次次的打击让郑某几近绝望，眼看着自己的病情日益加重，却无处伸冤。无奈之下，她只得走上上访的道路，她走访了各级人大及人大代表，大家一致认为，一审、二审判决在认定事实及适用法律上不够严谨，由此部分人大代表向有关部门反映，郑某再次向省高级人民法院提出再审、复核鉴定的申请，省高级人民法院于 2009 年 9 月裁定指令市中级人民法院再审，再审期间，中止原判决的执行。由此，再审程序终于得以启动。

二、委托鉴定

再审启动，重新鉴定也就成为必然，但是鉴定机构的选择却成为令市中级人民法院头疼的问题。原告郑某坚决不同意找当地鉴定机构进行重新鉴定，H 市人民医院坚持认定原法医鉴定中心结论客观有效，并不同意郑某自行决定鉴定机构。最终，市中级人民法院组织双方当事人进行质证后将相关鉴定材料移送于省高级人民法院，由省高级人民法院指定并在双方当事人认可下，将重新鉴定的重任委托于我中心，并要求我中心对逆行插管造影的必要性进行认定。

三、鉴定过程

我中心接受委托后，给予了高度重视，此次鉴定结论对于郑某的命运、对于整个案件走向来说至关重要。本着实事求是、客观公正、尊重科学的基本原则，我中心鉴定人认真审查了委托方提供的鉴定材料，分析了郑某的疾病发展过程，并查阅了大量相关书籍及文献资料，最终得出如下鉴定意见：H市人民医院在为郑某提供医疗服务时完全没有必要进行膀胱镜逆行插管造影检查，该检查不符合规范要求，医疗行为存在过错，该过错与郑某间质性肾炎、右肾萎缩、左肾积水等损害后果存在因果关系。

膀胱镜逆行尿路造影，顾名思义，即将膀胱镜自尿道外口逆行插入，再通过膀胱镜插入输尿管导管，从输尿管导管注入造影剂以检查肾脏、输尿管是否存在病变。该检查属于典型的侵入性有创检查，会对患者造成很大的痛苦，若操作不当，自下而上的插管检查极易引起尿道、膀胱、输尿管的医源性损伤，引起上行感染、血尿、尿道损伤等并发症，所以应该严格掌握适应症，并需专科训练有素、有经验的医师进行操作。该检查只有在患者不宜做静脉造影、静脉造影显影不满意或者存在泌尿系先天性畸形、泌尿系结石、血尿时才会进行。然而郑某入院经抗炎对症治疗病情好转，静脉造影检查已经证实无异常，况且膀胱炎属于该检查的禁忌症，所以，郑某完全没有必要进行该项检查。

郑某在行膀胱镜逆行尿路造影检查前经治疗膀胱炎症状已经好转，但在该检查之后，病情加重，后经有关医院检查其患有慢性间质性肾炎、压力性尿道炎、右肾萎缩、左肾积水。感染是导致间质性肾炎的主要发病原因，压力性尿道炎、肾萎缩、肾积水也可以因泌尿系统感染、输尿管损伤等因素造成。膀胱镜逆行造影检查作为一种侵入性的有创检查，操作不当可以造成尿路感染和输尿管、膀胱等脏器的直接损伤，上述情况可以解释郑某随后发生的所有病理现象。所以，郑某病情发展与逆行造影检查之间存在时间上及发生机理上的密切联系。我们认为，被告 H 市人民医院逆行造影检查的行为存在过错，该过错与郑某损害后果之间存在因果关系。

我中心作出了与市医学会和法医鉴定中心完全相反的鉴定结论，我们认为该鉴定结论完全是建立在科学和事实的基础上，是经得起考验和推敲的。该鉴定结果提交省高级人民法院后，通过市中级人民法院审查判断认为我中心鉴定结论科学合理，可以采信，最终于 2010 年 12 月，市中级人民法院作出判决结果：撤销本院及市人民法院的民事判决，H 市人民医院赔偿郑某相关经济损失共计 10 万余元。

四、案后思考

本例案件从医学技术的角度来讲，其实并不复杂，凡是具有医学常识的人都知道膀胱逆行造影检查属于有创检查，再结合慢性肾炎、肾积水、肾萎缩的发展机理，即可认定郑某后期病情变化的原因。但就这样一例简单的案件却使郑某承受了多年的身心折磨，通过我中心的鉴定，虽然最终发回重审的判决为郑某讨回了公道，但是这几年的辛酸岂是金钱赔偿所能弥补？医疗纠纷的处理涉及到维护患者和医疗机构双方的合法权益，然而在我国的医患纠纷中，绝大多数的患者处于弱势地位，很多患者与医院对簿公堂，然而打官司胜诉的几率却甚为渺茫，究其原因，与我国法律体制及司法鉴定体制方面的缺陷有很大关系。

医疗纠纷案件具有临床知识的高度依赖性，所以人民法院在审理该类案件过程中，通常都会要求司法鉴定机构对医疗机构在为患者诊疗护理过程中是否存在医疗过错及过错行为与损害后果之间是否存在因果关系进行鉴定。医疗纠纷司法鉴定是司法鉴定人根据自身的医学知识，通过审查病历资料、检查被鉴定人来对医疗机构医疗行为进行分析判断，其最终结论依赖于鉴定人自身的临床知识和经验，由于我国司法鉴定人的专业水平参差不齐，加上鉴定程序和方法尚未统一和规范，鉴定随意性较大，这就容易出现同样的问题鉴定意见却完全不同的情况。鉴定意见并不具有当然的法律效力，必须经过法庭审查判断才能作为证据采信，我国绝大多数审理医疗纠纷案件的法官并不懂医，对于鉴定机构提交的鉴定结论没有恰当的甄别能力，又由于鉴定人出庭质证程序很少被采用，一般对于鉴定意见直接就是“拿来主义”，这样也就导致了很多冤假错案的发生。

尤其值得注意的是，本案第一次司法鉴定是由省高院内设的司法鉴定中心鉴定的，这种“自审自鉴”的体制极其不合理。膀胱逆行造影检查明显属于有创检查，但省高院的法医鉴定人硬是说该检查属于无创检查，可以随便操作，即使基层法院的法官明知鉴定是不科学的，因为上下级的关系，也不得不采信。所以，通过这个案例也说明，改革司法鉴定管理体制、取消法院的司法鉴定职能是完全正确的。如果没有司法鉴定体制的改革，没有社会鉴定机构的存在，就不可能再启动一次新的鉴定，如果没有我中心这样的面向社会的鉴定机构进行的重新鉴定，本案当事人郑某的医疗损害最终将冤沉大海。在医患关系日益紧张的今天，我们迫切希望就医疗纠纷领域里，我国的法律体制和司法鉴定体制能够不断完善，给医患双方营造一个更加公正、公平的氛围。

药物说明书的争辩

一、背景资料

2011年6月5日，张某因骑自行车自己摔倒受伤，当即昏迷不醒。被他人发现后呼叫“999”急救，由“999”送入A医院急诊。入院查体：患者神志朦胧，呼唤睁眼，回答错误，刺痛能定位，GCS评分12分。头CT显示：“额叶点片状高密度影，中线居中，脑沟回结构尚清晰”。确定诊断：额叶脑挫裂伤，枕部头皮挫裂伤。急诊给予收住院治疗。入院后，院方考虑“患者双侧额叶脑挫裂伤，有诱发癫痫的可能，按照医学常规，给予卡马西平1片，1日2次，口服1周预防外伤性癫痫治疗；给予单唾液酸四己糖神经节苷脂改善脑功能、马来酸桂哌齐注射液治疗脑外伤后遗症等营养神经、支持对症治疗，密切观察病情变化”。张某经上述综合治疗，于6月10日好转出院。

2011年6月17日，张某因“咽痛、发热、全身皮疹1天，体温高达40.2℃”到B医院就诊，先后诊断为“上感”、“发热皮疹待查，病毒疹可能性大，药疹待除外”。皮肤科门诊医师怀疑为中毒性表皮松懈坏死症（TEN），因服用卡马西平引起TEN可能性大。至6月22日，张某已“全身红斑伴高热1周，出现水疱、大疱、表皮松解4天”，皮肤科专科情况：面颈部见弥漫性暗红色斑片，局部可见松弛性水疱、大疱、糜烂面，红斑处尼氏征阳性。胸背部、腰腹部、四肢、掌跖见多发大小不一暗红色斑片，部分红斑基础上可见水疱、大疱，背部、胸部、四肢红斑融合成大片，局部见表皮剥脱，尼氏征阳性。口腔、唇红大片糜烂、渗血、结痂，龟头多发红斑、糜烂、结痂，阴囊表皮基本剥脱，留有红色糜烂面。SCORTEN评分1分。经皮肤科会诊收入院治疗。入院后检查：创面分泌物革兰染色未见细菌，涂片未见菌丝及孢子；痰液涂片示白细胞数10—22/LP，革兰阴性杆菌大量，革兰阴性球杆菌少量，痰液细菌培养无致病菌生长；创面分泌物培养无致病菌生长，创面分泌物偶见革兰阴性杆菌和双球菌。经积极抢救治疗，张某皮损和粘膜损害持续好转，于2011年6月29日痊愈出院。出院确定诊断：中毒性表皮松懈坏死症（TEN）。

二、委托鉴定

张某及其家属经调查，发现A院方给张某使用的卡马西平是某制药有限公司生产的，其药物说明书中有如下记载：“服用卡马西平可产生TEN/SJS两种致命性皮肤反应，该反应与HLA-B* 1502等位基因之间存在相关性，而亚洲人群由于携带该基因几率高于欧洲群体，建议首次用药前进行HLA-

B* 1502 等位基因筛查。”而 A 医院在给张某使用卡马西平前并未进行 HLA-B* 1502 等位基因筛查，服药后发生了中毒性表皮松懈坏死症并遗留损害后果。张某及其家属认为 A 医院未按药品说明书的警告，使用卡马西平前未给予进行 HLA-B* 1502 等位基因筛查，医疗行为存在医疗过错，对张某服该药后发生了中毒性表皮松懈坏死症并遗留损害后果负有赔偿责任，故向某区人民法院提起医疗损害赔偿诉讼。根据案件审理需要，区人民法院委托我中心对该案进行法医学司法鉴定。

三、鉴定过程

我中心受理该案后，首先召集医患双方举行了司法鉴定听证会，听取医患双方的理由、观点。会上，医患双方均发表了各自意见。双方的观点大相径庭，截然不同。

患方认为：1. 张某的损伤为脑挫裂伤，不适宜使用卡马西平；2. 卡马西平说明书明确记载此药品首次应用前需对患者进行基因检测，院方在未进行基因检测的情况下而使用卡马西平，是发生中毒性表皮松懈坏死症（TEN）的致病原因，医疗行为具有过错，应承担全部责任。

A 医院认为：1. 张某经检查诊断为额叶脑挫裂伤，为防止因额叶损伤引起外伤性癫痫，给予口服卡马西平预防治疗，符合神经外科医疗常规；2. 药疹病因包括个体因素和药物因素，个体差异较大，药疹发生率在 1%～3%左右，75%药疹是抗生素所致。引起中毒性表皮松懈坏死症药疹的药物有多种，没有确切证据证明该病是由服用卡马西平引起；3. 国内一般医院均未开展 HLA-B* 1502 等位基因筛查，本院亦不能开展该项检查。

鉴定人审阅了送检的全部病历材料。张某外伤史明确，根据伤后症状、体征及头颅 CT 检查结果，额叶脑挫裂伤诊断成立，可以认定。“额叶脑挫裂伤，系外伤性癫痫的好发部位。对颅脑损伤后有发作高危风险的病人立即给予预防性抗癫痫治疗”。根据张某的额叶脑挫裂伤，系外伤性癫痫的好发部位，A 医院使用卡马西平预防性抗外伤性癫痫治疗，有用药适应症，用法用量合理，不存在药物禁忌使用的情况。张某用药后，未出现外伤性癫痫的发作，达到了预防癫痫发生的预期效果。

6 月 17 日，张某因“饮酒后咽痛、发热、全身皮疹 1 天”到 B 医院门诊就诊，病情逐渐发展，6 月 22 日经 B 医院皮肤科会诊，确定诊断为中毒性表皮松懈坏死症，根据张某伤后用药情况，不能排除发生中毒性表皮松懈坏死症与服用卡马西平药物之间存在因果关系。本案的焦点问题是：A 医院在为张某使用某制药有限公司生产的卡马西平前，是否应按照其药物说明书中［警告语］的建议，首次用药前进行 HLA-B* 1502 等位基因筛查？如未按照建议进行该项检查而直接使用了卡马西平，A 医院的医疗行为是否违反了执业医师处方规范？是否存在医疗过错？

根据某制药有限公司《卡马西平片说明书》记载：商品名称：得理多。［警告语］严重皮肤反应和 HLA-B* 1502 等位基因。在得理多治疗期间有报道发生严重且有时是致命的皮肤反应包括中毒性表皮松懈坏死症（TEN）和 Stevens-Johnson 综合征（SJS）。在主要是高加索人群的国家中每 10000 名新用药者估计发生 1—6 例。但是这一风险在一些亚洲国家估计约比上述国家高 10 倍。对华裔患者的研究发现 SJS/TEN 的发生风险与患者体内携带人白细胞抗原 HLA-B* 1502 等位基因之间存在很强的相关性，HLA-B* 1502 等位基因是 HLA-B 基因的遗传性等位基因变异体。HLA-B* 1502 几乎仅在祖籍亚洲广泛地区的患者人群中发现。在开始卡马西平治疗前可对遗传风险人群患者进行 HLA-B* 1502 筛查。此等位基因阳性患者不得使用卡马西平治疗，除非明确显示治疗效益大于风险。参见[注意事项]。[注意事项] 得理多仅可在医生监督下服用，需要处方得理多，必须事先经过严格的效益/风险评估，并且对既往有过心脏、肝脏、肾脏损害，对其他药物出现过血液系统不良反应及曾经中断过得理多治疗的患者进行监测。[不良反应] 皮肤和皮下组织异常。很常见：过敏性皮炎、严重的荨麻疹；不常见：剥脱性皮炎、红皮症；罕见：系统性红斑狼疮样综合征、瘙痒；非常罕见（< 1/10000，包含个例报道）：Stevens-Johnson 综合征、中毒性表皮松懈坏死症、光敏反应、多形性红斑及结节性红斑、皮肤颜色改变、紫癜、痤疮、出汗、多汗、脱发、多毛症。[禁忌] 已知对卡马西平和相关结构药物或制剂的其他成分过敏者；房室传导阻滞者；血清铁严重异常；有骨髓抑制史患者；具有肝卟啉病病史的患者。

而根据国内多家卡马西平药物生产厂家的《卡马西平片说明书》记载：禁忌：已知对卡马西平相关结构药物过敏者；有房室传导阻滞、血清铁严重异常、骨髓抑制、严重肝功能不全等病史者。不良反应：较少见的不良反应有变态反应，Stevens-Johnson 综合征或中毒性表皮松懈坏死症、皮疹、荨麻疹、瘙痒；红斑狼疮样综合征。均无某制药有限公司卡马西平片说明书中的警告用语，亦无首次用药前进行 HLA-B* 1502 等位基因筛查的建议。查阅国内临床医学教科书等医学理论，也没有要求使用卡马西平前应进行 HLA-B* 1502 等位基因筛查，国内各大医院也罕有开展 HLA-B* 1502 等位基因筛查的检验项目。

那么，我国的医事法律又是如何规定的呢?

1999 年 5 月 1 日实施的《执业医师法》第三章执业规则第二十一条规定，医师在执业活动中享有下列权利：在注册的执业范围内进行医学诊查、疾病调查、医学处置，选择合理的医疗、预防、保健方案；第二十三条规定：医师实施医疗、预防、保健措施，必须亲自诊查、调查，并按照规定及时填写医学文书；第二十五条规定：医师应当使用国家有关部门批准使用的药品、消毒药剂和医疗器械。

2004 年 9 月 1 日实施的《处方管理办法》第四条规定：医师处方和药学专业技术人员调剂处方应当遵循安全、有效、经济的原则；第六条规定：医师应当根据医疗、预防、保健需要，按照诊疗规范、药物说明书中的药品适应证、药物作用、用法、用量、禁忌、不良反应和注意事项等开具处方。

2001 年 12 月 1 日实施的《药品管理法》第六章药品包装的管理第五十四条规定：药品包装必须按照规定印有或者贴有标签并附有说明书。标签或者说明书上必须注明药品的通用名称、成分、规格、生产企业、批准文号、产品批号、生产日期、有效期、适应症或者功能主治、用法、用量、禁忌、不良反应和注意事项。

2006 年 6 月 1 日实施的《药品说明书和标签管理办法》第九条规定：药品说明书应当包含药品安全性、有效性的重要科学数据、结论和信息，用以指导安全、合理使用药品。第十二条规定：药品生产企业应当主动跟踪药品上市后的安全性、有效性情况。根据药品不良反应监测、药品再评价结果等信息，国家食品药品监督管理局也可以要求药品生产企业修改药品说明书。第十四条规定：药品说明书应当充分包含药品不良信息，详细注明药品不良反应。

2010年7月1日实施的《侵权责任法》第七章医疗损害责任第五十七条规定：医务人员在诊疗活动中未尽到与当时的医疗水平相应的诊疗义务造成患者损害的，医疗机构应当承担赔偿责任；第五十八条规定：患者有损害，因下列情形之一的，推定医疗机构有过错：（一）违反法律、行政法规、规章以及其他有关诊疗规范的规定；第六十条规定：患者有损害，因下列情形之一的，医疗机构不承担赔偿责任：（三）限于当时的医疗水平难以诊疗。

基于临床医学理论和我国现行法律、法规、规章及技术规范的规定，我们认为某制药有限公司《卡马西平片说明书》中服用卡马西平前进行基因筛查的建议，其"警告语"形式不属于禁忌症范畴，不具有强制执行力；其建议内容超越了我国目前现有医疗技术条件及水平。A医院在为张某使用某制药有限公司生产的得理多时，已经依照相关规定，根据医疗需要，按照诊疗规范、药物说明书中的药品适应证、禁忌、用法用量、不良反应和注意事项等要求去做的，虽未进行HLA-B* 1502等位基因筛查，但已尽到与当时的医疗水平相应的诊疗注意，不具有诊疗过错。张某使用某制药有限公司生产的得理多后发生中毒性表皮松懈坏死症，属于临床实践中的"医疗意外"及《侵权责任法》中"限于当时的医疗水平难以诊疗"的免责事由，医疗机构不应承担赔偿责任。

综上，我们认为：被鉴定人张某发生的中毒性表皮松懈坏死症属于目前难以避免的医疗意外。A医院对被鉴定人张某的医疗行为不存在过错；医院不承担赔偿责任。

四、案后思考

（一）期待完善界定司法鉴定人的法律地位

按照《全国人民代表大会常务委员会关于司法鉴定管理问题的决定》的立法定义，司法鉴定是指在诉讼活动中鉴定人运用科学技术或者专门知识对诉讼涉及的专门性问题进行鉴别和判断并提供鉴定意见的活动。按照《司法鉴定人登记管理办法》规定，司法鉴定人是指运用科学技术或者专门知识对诉讼涉及的专门性问题进行鉴别和判断并提出鉴定意见的人员。《司法鉴定程序通则》规定，司法鉴定人进行鉴定，应当依下列顺序遵守和采用该专业领域的技术标准和技术规范：（一）国家标准和技术规范；（二）司法鉴定主管部门、司法鉴定行业组织或者相关行业主管部门制定的行业标准和技术规范；（三）该专业领域多数专家认可的技术标准和技术规范。不具备前款规定的技术标准和技术规范的，可以采用所属司法鉴定机构自行制定的有关技术规范。按照上述法律规定，司法鉴定人只能依据“科学技术或者专门知识”，适用该专业领域的“技术标准和技术规范”，对“诉讼涉及的专门性问题进行鉴别和判断”，是否可以适用法律条款进行“鉴别和判断”，法律中并未界定。然而，诸如医疗过错的概念、执业医师行为规范、职业道德规范、医疗过错构成要件、归责原则、免责事由等，都在相关法律、法规、规章中予以规定。如《执业医师法》第三章执业规则规定；《侵权责任法》第六章医疗损害责任规定；《处方管理办法》医师处方和药师调剂处方的原则、医师处方依据的规定；《药品说明书和标签管理办法》药品说明书的规定凡此等等。就本文所述鉴定案件，对“警告语”内容法律地位的评价，是本案鉴定的焦点，而执业医师处方规则及药品说明书规范，分别规定于《处方管理办法》、《药品说明书和标签管理办法》部门规章中，鉴定人只有适用该规章规范，才能对医师处方行为作出正确评价。鉴定人只有在一定技术领域有适用法律的权力，才能适用《侵权责任法》等法律法规规定，评价医疗机构及其医务人员在医疗活动中实施的医疗行为是否“违反有关法律、法规、医疗行业规范”，认定是否具有医疗过错，实现相关法律法规的评价功能。

由于医学科学的学科规律及特点，决定了医疗行为具有专门性、复杂性、侵袭性、高风险性、不确定性及公益性的特点，难以制定医疗过错的鉴定标准。因此，到目前为止，在我国尚无医疗过错鉴定的国家标准和行业标准。临床医学理论在不断的发展中，各种学说并存，不具备统一性和合法性，如作为法医鉴定依据，有时会存在争议。目前，我国有关医疗机构、执业医师执业规则等规范大部分在法律、法规、部门规章中体现。司法鉴定实践中，法医司法鉴定人如不能直接适用法律规定，将无可适从。如“医疗行为发生时医学科学发展水平”、“医务人员必要的注意义务”、“实验性医疗行为”、“垂危患者”“病情异常或体质特殊”、“医疗意外”、“无过错输血感染”等专业性极强的法律概念、事实，均由法官适用法律条款，仅凭法官的一般知识和社会经验予以认定，则勉为其难。

由于上述原因，令法医司法鉴定人对于医务人员注意义务范围的判断、医疗过错行为的认定等均存在极大的难度。因此，期待立法机关应及时修订相关法律，完善界定司法鉴定人的法律地位，授予司法鉴定人在一定技术领域内的有限司法权。

（二）呼吁尽快推进新一轮的医疗卫生体制改革，促成社会医疗保险全民覆盖，实行医疗意外责任强制保险制度

临床医学作为一门自然科学，有其自身的学科规律及特征。包括：

1. 医疗行业是知识与技术高度密集型的行业，医疗行为的实施必须以医学知识为行为的准则。同时，医学知识与技术也是医疗行为顺利实施必不可少的重要的保障条件。由于医学知识与技术是针对学术上模型化的人而言，而作为医疗行为对象的人体往往具体而复杂，因而对不同的对象实施同样的医疗行为时，多数情况下结果一致，少数情况下结果迥异，因此，医方应根据患者的不同情况将医疗行为予以适当的应用，即遵循个体化原则。医疗行为即使是在具有完备的医疗设备保障的条件下，医生个人的经验与技术也是必不可少和相当重要的条件。因此，医学知识与技术准则只是原则性的，而医生的行为不完全符合医学知识与技术准则也并非完全错误，不能一概地据以认定医生的医疗行为是错误的。

2. 医学科学是所有科学领域中最高难的科学之一，是集所有自然科学于一身的科学，甚至应用部分社会科学的理念。医学不仅应用生物学与化学等方面的知识与技能，还要应用声学、光学、力学、原子、材料等各种物理学的知识与技能；在社会科学方面，它要涉及哲学、心理学、美学、伦理学、逻辑学、信息学等学科，尤其是在如今知识大爆炸的时代，各种学科的成就均是医学科学应用及涉猎的范畴。事实证明，对人体的“修复”要远比卫星上天、机器人的制造更为复杂，更为高

难。有人说，人类对天体世界有多少未知的领域，就对人体本身也有多少未知数。

3. 医疗行为大多具有某种程度上的侵袭性。医疗侵袭是指医疗行为的实施既能为患者带来治疗作用，又能对人体造成某种危险或损害，亦称作医疗行为的双刃性，单纯从医疗行为的客观方面看，医疗行为大多具有某种程度上的侵袭性，这是客观存在的。对待医疗过失的评价，不能单纯地从其客观的侵袭性上来分析。医疗行为对患者而言是必需的，患者情愿承受医疗行为所带来的侵袭而解除自身的病痛，亦即患者在获得治疗效果的同时，可能需要付出某种损伤的代价。例如切除发炎的阑尾时必须切开本无病变的腹壁皮肤、腹膜等器官，对其造成一定的伤害。这是一个权衡利弊、矛盾统一的过程。

4. 医疗行为的高风险性。医学科学有太多的未知领域，这便决定了医疗行为具有其他服务行业更多的不确定因素，而每一项不确定因素均可能成为医疗风险的成因。医疗服务的高风险性，一方面是由人体科学的未知性所决定的。另一方面，医疗本身即是一种侵害，每一种药物均有一定的毒副作用，“是药三分毒”，同时也因为每个个体均有其特殊的个体特征。因此，世界上没有绝对安全的治疗措施。医学本身就是一把“双刃剑”，它既有治疗疾病的功能，同时又有可能给人身造成伤害的后果，这在社会学上叫“双重效应”。

5. 医疗行为的不确定性。医疗行为与其他服务行业的行为不同，由于医疗行为的对象——患者的身体是近乎完全不同的个体，因此，医疗行为的结果并非完全能由医疗行为的实施者——医生所控制，由此造成了医疗行为的不确定性。医疗行为的不确定性首先在于患者生物体的不确定性，没有完全相同的两个个体。从生物学角度来看，每个人都是独一无二的个体，而作为医学知识与技术则是普通的，是针对完全模型化的人体而言去设定的。医疗行为作用于不同个体，其结果是不同的，医生常常靠经验法则来推测。医疗行为不确定的因素还在于患者本人的不可预测性。医疗行为的实施是要靠医患双方互相配合的，患者的依从性即如实陈述自己的病情及状况与遵守医嘱，是达到理想的医疗效果的必不可少的重要条件。

6. 医疗行为的公益性。医疗行为的服务对象是人，维护的是人的生命和健康，而生命和健康是无价的。它不仅关系到每一个人的生老病死，而且要求高。医学的这种公益性特征，已远远超越了一般的“诚实信用”、“等价有偿”的民法的道德准则与要求。

由于医学科学的学科规律及特征，决定了医疗行为具有专门性、复杂性、侵袭性、高风险性、不确定性及公益性。因此，在医疗实践中，医疗效果常常因个体差异有不确定性，常常出现难以预料的病情演变结果，常常难以达到患者的预期目的。医疗行为在为患者产生治疗作用的同时，也可能产生一定的侵害，一些合并症难以有效避免，医疗意外也时常发生。患者对治疗过程中出现的不利情况难以理解与接受，对损害后果难以承受与负担，一些人不堪重负因病致贫或因病返贫，个别医疗机构也难以独立承担医疗服务的巨大风险。近年来，随着人们法治意识和自我保护意识的不断增强，同时，由于医疗服务的市场化，整个社会的诚信危机以及诸多复杂的社会因素，使得医疗纠纷案件呈明显上升趋势。据 2008 年卫生部统计数据显示：“目前，全国每年发生的医疗纠纷逾百万起，平均每年每家医疗机构医疗纠纷的数量在 40 起左右。尤其近两年来，医疗纠纷发生率明显上升，增长幅度超过 100%。而在 2000 年世界卫生组织评估中，中国医疗公平性名列 191 名成员的倒数第四”。医疗纠纷已成为影响社会和谐与稳定的严峻社会问题，也一定程度地阻碍了我国卫生事业的健康发展，受到社会、公众和政府部门的密切关注。为了维护我国卫生事业的健康发展，维护医患双方的合法权益，增强我国公民的社会医疗保障，恢复建立和谐的医患关系，呼吁尽快推进新一轮的医疗卫生体制改革，促成社会医疗保险全民覆盖，完善社会医疗保障制度，减轻全民卫生保健与医疗负担。参照交通事故第三者责任强制保险制度，实行医疗意外责任强制保险制度，对于难以避免的医疗意外和不可抗力产生的损害后果，通过商业保险机制解决。

猝死之谜

一、案情简要

死者吴某住在某省县城，48岁，是三个孩子的母亲。几年前她的丈夫因病去世，曾与县医院发生医疗纠纷，在当地造成了一定影响。据称吴某的公公是一位老红军，但始终未能得到应有的政治经济待遇。为上述两件事情，吴某长年上访。2012年6月，她带着婆婆到某县人民政府上访，被县公安局以扰乱机关秩序为由进行行政拘留。因县拘留所不具有关押女性人员的条件，于是县公安局决定将其送往邻近的某县看守所进行拘留。入所前，公安机关在县医院对其进行了健康检查，报告正常。吴某本人也自诉无任何既往病史。进行严格核审后，邻县看守所同意接收吴某。但是，就在拘留两日后，吴某突然死亡。邻县看守所称，吴某在如厕起身时突然晕倒，急救人员将其送往邻县医院积极抢救，最终未能挽救其生命，医院死亡诊断为猝死。家属得知吴某突然死亡的消息，情绪十分激动，要求有关部门对吴某死亡进行合理解释，他们怀疑吴某是遭到殴打虐待最终导致死亡。上级市公安局刑事技术处对吴某进行了尸表检验，发现吴某身上有一些不足以致命的轻微擦伤，结合询问笔录认定这些擦伤是晕倒后摔伤所致。

二、委托鉴定

家属对鉴定结论不认可，为了解开吴某真正死亡原因，死者家属到北京聘请了律师，家属要求找一家北京的鉴定机构对吴某死亡原因进行重新鉴定。此事涉及长年上访户，又在看守所突然死亡，很容易造成社会影响。邻县公安局经过慎重考虑，同意委托我中心对吴某进行尸检以查明真相。

三、鉴定过程

接受委托之后，我中心鉴定人员及时与当地有关部门及死者家属取得了联系，通知其做好相关准备工作，然后赶赴邻县县城进行尸检。

邻县县城至今尚未通火车，交通运输仍以公路为主。我们早上 7 点从北京出发，赶到县城已经是傍晚时分。在与邻县公安局取得联系后，我们入住了县城宾馆。晚饭后，我们与公安机关及家属分别见了面。家属诉称，死者生前一向身体健康，在看守所突然死亡，实在无法接受。怀疑死者被公安机关抓走后遭到殴打。而且，死者在看守所三天未得到进食。他们看到尸体，发现其太阳穴上有伤痕，两侧手臂上有注射针孔，我们首先对手臂上的针孔进行了解释，告诉他们进行紧急抢救时是需要注射药品的。

与县公安机关会面时，他们又提供了一些未被家属承认的信息。他们称，吴某之所以被拘留，是因为上访时在政府门前支灶热饭，影响较坏。吴某是政府常年缠访人员，当年其丈夫死亡与县医院发生医疗纠纷，医院因其长期无理纠缠，无奈只得给予了相当补偿。

委托机关提供的信息，对鉴定本身并无实质性的帮助，而家属对死亡提出疑问，也只能供参考，我们需要通过尸检来求证。我们的法医进行尸检，通常需在固定的解剖室进行，需要有解剖台、相关器械配备，消毒设施，良好通风环境、排水及照明系统等。存放尸体的冰柜也是非常重要的硬件配备。目前国内解剖室标准化过程推进程度不容乐观，许多地方没有符合标准的解剖室，往往需利用医院太平间或殡仪馆进行解剖作业。事实上，根据相关规定，目前县级以上公安局需配备法医解剖实验室，但通过与邻县公安局沟通我们才得知，该县根本没有能够进行尸检的地方。县公安局所有的尸检，只能安排在县城十几里外的山梁上进行。面朝黄土背朝天，不身临其境，不可能想象条件之艰苦。

2012 年 10 月，我中心法医就在山梁上进行了尸检，为这次尸检，我中心还特邀了中国法医学会病理专业委员会主任、国内唯一得到江泽民、胡锦涛两位总书记同时接见的著名法医任嘉诚主任法医师参加。

虽然天气很冷，但我中心法医还是脱下外套，换上轻薄的手术衣，全神贯注地开始了解剖工作。当地公安局、检察院、死者家属及律师等约二十多人在场参与观看尸检过程，有的录像，有的拍照，不时对我们指指点点。

死者身高161cm，体型偏胖，初步估计大概有140斤左右。观察尸表，死者右颞部可见2.0cm×1.4cm皮肤擦挫伤瘢痕，也就是家属所说的太阳穴上的损伤，此处损伤轻微擦伤，显然不足以致命。鼻中沟处可见一处皮肤擦挫伤瘢痕，为吴某晕倒后拘留所人员掐人中所致。余下体表未见明显外伤或其他异常，右顶部可见一块3cm×2cm大小的头皮下血肿。颅骨、颅底未见明显骨折，脑部也未见出血，未见脑疝。基本上，我们已经可以排除吴某由头部损伤导致死亡的可能性了。颈部，舌、咽检查也未见异常。剪开心包未见积液，心脏大小也较正常，心外膜脂肪较丰富，右心室轻度扩张，左心室壁厚1.0cm，冠状动脉各主要分支未见粥样硬化斑块，管腔无狭窄。其他胸腹部脏器未见明显异常。打开胃部，可见死者胃中有500ml左右的食糜，可以证实死前有过进食，而非空腹。我们仔细、全面地提取了各个脏器标本固定于福尔马林中以留作病理检查。并提取了死者血液及胃内容物，以进行毒化检测。

通过尸检发现，吴某除了头面部一些轻微擦挫伤及一处头皮下血肿外，未见其他异常。这些轻伤无论是如何形成的，都不足以致命。颈部未见明显异常，也可以排除被吊死、掐死或勒死等机械性窒息的可能性，况且吴某身上也没有窒息的典型表现。身体其余部位内外、四肢等处也未见损伤，因此，可以初步断定，吴某的死亡不是由外伤造成。胃部解剖表明，吴某死前有过进食，不像家属所述三天未吃东西。虽然还没有进行毒化检验，但是根据我们的经验，可以初步判断不是中毒而死。那么，吴某可能的死因就只有猝死了！

猝死是貌似健康而又无明显病症的人，由于自身潜在性的疾病或功能障碍，于开始自感不适后24小时内突然意外的死亡，所以又称急死。猝死可以是自身脏器的潜在性疾病，逐渐发展成为不可逆转的必然结果；也可以是自身功能障碍失调的结果。猝死最大特点是死亡的意外性，一个外表看似健康的人，可能在有或没有诱因的情况下突然死亡。由于其突然性与意外性的特点，常常导致纠纷。尤其是在监狱、看守所、医院内发生的猝死，往往会造成巨大争议。工作岗位上发生的猝死者则常被当做因公殉职处理。

虽然外伤和中毒导致死亡已经基本排除，那么猝死最有可能是吴某真正的死亡原因。但是，从解剖情况初步来看，吴某身上似乎又缺乏引起猝死的典型病理基础。通常来说，心血管系统猝死最为常见。冠心病、高血压心脏病、心肌炎、心脏内膜及瓣膜疾病、肺动脉栓塞等等均是导致猝死的常见疾病。

我们仔细检查了死者心脏及主要动脉血管，未发现冠状动脉粥样硬化或狭窄，心脏未见明显炎症表现或梗死病灶，也无心肌病或先天异常，我们也未发现患者存在肺动脉或冠状动脉栓塞。那么，究竟是什么原因能导致其猝死呢？或者她的猝死不是心源性而是其他系统疾病引起？如果病理组织检查结果提示一切正常，那么死因该如何解释呢？总不能以“排除外伤致死，真正死因不明”来作鉴定结论吧。这样的结论，死者家属能接受么？

回北京后我中心鉴定人员立刻对提取的检材做病理切片检查，并将提取的血液与胃内容物拿到我中心微量物证室进行毒物分析检验。通过病理切片检查，我们发现被鉴定人存在弥漫性肺淤血、肺水肿，应考虑为左心功能不全所致。但其左心壁无新鲜或陈旧性梗死病变，冠状动脉腔无狭窄，无心肌缺血的病理基础。病理切片观察发现，吴某有重度的脂肪心！切片反映出，其心外膜脂肪组织厚，并明显沿心肌间质向肌壁内生长，已深达深肌层，有的达到了心内膜。周围心肌纤维受脂肪组织挤压而严重萎缩。

脂肪心是可以引起心源性猝死的疾病之一，本病多见于肥胖病及饮酒过度者，也可见于消瘦营养不良的人。患者多为成人，男女均可发生，尤以女性肥胖者多见。一般可无明显临床症状，但在某种诱因下，甚至在睡眠中猝死。从鉴定上来讲，法医须从严掌握脂肪心的诊断标准，以脂肪心说明死因，需排除其他致死性病变和暴力性死亡。此时，我中心微量物证研究室的毒化检验结果表明，未发现氰化物、有机磷类农药及精神类药物或其他常见毒物。且本例重度脂肪心病变十分典型，在能够排除其他疾病、中毒死亡和暴力性死亡的情况下，我们谨慎地认定，导致被鉴定人猝死的就是脂肪心！

鉴定意见排除了机械性外伤致死和中毒致死，县公安机关、检查机关、看守所等工作人员也终于能松了口气。最终案件得到妥善处理。

四、案后思考

看守羁押场所发生的非正常死亡是一个非常复杂的问题。现在，互联网的出现使信息迅速传播，微博犹如一片信息的汪洋大海，所传播的内容有真有假，难以甄别，但传播的速度却异常之快。一条不足 20 字的简短消息，可以在一夜之间成为全国上下家喻户晓的新闻。面对这种新的形势，政府不能回避。如果对当今社会新发展、新技术、新现象充耳不闻，或坐视不管，最后只能被历史发展所淘汰。我们都知道，在这样的大背景下，在躲猫猫事件之后，有更多的看守所离奇死亡事件在网络中被爆料。像什么洗脸死，如厕死，喝水死，做梦死，睡姿不对死……诸多案例已经不胜枚举。关于这些离奇死亡案，且不说这些由网络传播于大众之中的未加甄别、无法追责的信息来源是否可靠，即使我们相信大部分信息不是空穴来风，它也并不像没有医学背景的人所想的那么令人匪夷所思。例如本案，就同样是一个典型的如厕死，只是死者是一个受行政拘留、被异地关押到看守所来的。作为一个独立的社会鉴定机构，我们没有必要为任何违反法律法规的责任人或单位进行开脱辩解。我们能不受干扰的、以自己的专业知识进行客观鉴定，最终认定当事人确实属于猝死，所站的立场本身就是中立的。做为一名法医，由于工作习惯，常常要对所见所闻抱有科学的质疑态度，甚至以逆向思维进行思考，回避虚假信息，做出独立判断。

谁在腹腔遗留了纱布

一、案件背景

2005年7月2日上午，李某因临产腹痛住进A市医院，院方经检查发现李某存在第二产程延长及羊水Ⅲ°污染，遂决定紧急行剖宫产手术，术中胎儿取出顺利，但是等到胎盘取出后却发现子宫腔内有血液流出，院方立即给予按摩子宫并舌下含服米索药物，但子宫收缩未见好转，宫腔内仍有血液流出，院方又立即用无菌纱布填塞子宫腔，子宫收缩血止，无菌纱布留置宫腔，关腹，术毕。7月4日院方将宫腔内纱布取出，李某无阴道流血，并已逐渐排气排便进食，病情逐渐好转，7月9日母子顺利出院。

此次生产也算有惊无险。出院后不久，正当全家人沉浸在得子的幸福时，李某逐渐出现间断性腹痛、腹胀甚至呕吐的症状，尤其是在下腹切口及左下腹周围疼痛明显，服用抗炎药后也无明显改善，于多家医院就诊，经检查诊断为“胆囊多发结石，粘连性肠梗阻”，经过内科服药治疗李某病情不见好转，反而逐渐加重。无奈之下李某于 2005 年 12 月 1 日住进了 B 市医院，该院经相关检查诊断明确，并建议李某行肠粘连松解术及胆囊切除术。但是由于经济困难，加上自身体质较弱，李某与家人商量后最终决定先行胆囊切除手术，暂不做肠粘连松解术。12 月 3 日，李某被推入手术室行胆囊切除手术，手术过程顺利，术后 8 天，李某腹部切口已经逐渐愈合，李某顺利出院。

但是，李某出院两个多月后，腹痛、腹胀、呕吐的症状再次加重，并出现了不能进食、排便困难的症状。2006 年 2 月 27 日李某再次住进了 B 市医院，医生经过 B 超、CT 等相关检查发现腹部肠管胀气、肠管粘连，符合粘连性肠梗阻的表现，因李某经过多次非手术治疗，病情反复发作，建议其行手术治疗，并需根据剖腹探查的情况来决定具体手术方式。李某听从了医生的建议，3 月 6 日，在硬膜外阻滞麻醉下，医生对她开展了此次剖腹探查手术。但令李某及其家属万万没有想到的是，手术过程中医生在李某的肠管里拿出了一块纱布……

据 B 市医院手术记录记载：打开腹腔后，见小肠与腹膜部分粘连，距十二指肠空肠曲约 140cm 处空肠粘连成角，长度约 25cm 左右，近段空肠呈浸润愈着性粘连，分离粘连，效果不佳，肠壁部分破裂，因局部水肿、剥离面较大，加之破裂，只能行肠切除术，切除肠管长度约 40 厘米，行远近端肠管端端吻合术。另一处粘连较重部位发生在距回盲部约 70 厘米处，回肠与回肠之间粘连较重，肠管成角畸形，近端肠管明显扩张，近端肠管约 30 厘米肠壁水肿，肠腔增粗，挤压肠管有韧性，肠蠕动减弱。分离粘连性肠管困难，部分肠壁破裂，肠壁上有白色缝合线，陈旧性，有线结及瘢痕存在。此段肠管因破裂、水肿、蠕动较差等，加之剥离面大，无法保留。只能行肠部分切除吻合术，切断此段病变肠管约 30 厘米，在切开远端回肠时发现肠腔内有纱布，此处距肠壁破损缝线处约 5 厘米。纱布被浑浊粪样稀薄液体浸泡，陈旧性，呈一团状充满肠腔。手术中，医院专门安排患者丈夫进入手术室观看了取纱布的全部过程。手术中取出的纱布团为一整块纱布垫，约 25×30 厘米大小。纱布与切除的肠管让病人家属过目后，医院进行了药物固定保存。肠切除后行回肠端端吻合术。

由于亲自观摩了手术取纱布的过程，李某及家属等确信：剖腹探查手术时从肠管里取出了一团纱布，肠梗阻的发生必是这团纱布造成的，而这团纱布显然是 A 市医院在剖宫产手术时留在肠管内的。李某决心为自己讨回公道，于是将 A 市医院告上了法庭。李某称：其因肠管内遗留物造成几次住院手术，后果是 A 市医院医疗过错造成的，应予以经济赔偿。而 A 市医院却辩称李某剖宫产术后痊愈出院，8 个月后在肠管内取出的纱布团与我院无关，且李某在剖宫产后 5 个月时在其他医院做过胆囊切除术，不能排除与 B 市医院胆囊切除术有关，所以我院不应该承担责任。

二、委托鉴定

在双方争执不下的情况下，为查明案件事实，法院委托 B 市医学会进行了医疗事故鉴定。B 市医学会接受委托后组织专家合议，最终分析认为：1. 李某 2005 年 7 月 2 日因临产行剖宫产手术，有手术指征，手术正确；2. 据病历记载，李某手术中无肠道损伤，术后 3 日排气，排气后进食，术后 3、5、6

日排大便，术后 7 日痊愈出院，术后 40 天复查，B 超均无异常。3. 李某 2006 年 3 月 7 日在 B 市医院第三次手术室发现肠腔内一 25×30cm 纱布垫，不能确定为第一次手术遗留，且纱布垫存留于肠管内 8 个月，难以用常规医学理论解释，于是做出了不属于医疗事故的鉴定结论。

李某对于这样的鉴定结论自然不能接受，虽然自己没有医学常识，但是她却知道，如果纱布是在第二次手术时造成的，那么第三次手术的医生大可以隐瞒这个事实，毕竟进行后两次手术的是同一家医院，所以，毋庸置疑，纱布一定是 A 市医院留下的。于是，她再次申请了省级医学会对该案进行重新鉴定，省医学会最终鉴定认为：1. 局麻下行剖宫产术，肠管易膨出，易造成损伤；2. 剖宫产术后出现不全肠梗阻表现而持续胃肠减压 3 天，不符合剖宫产术常规；3. 据 B 市医院手术记录记载，距回盲部 70cm 处粘连严重，有回肠损伤和陈旧缝合线，并取出纱布垫。最终认定本例医疗事故争议属于三级戊等医疗事故，A 市医院应承担责任。该结论证实了李某的推断。

两次医学会做出了完全相反的鉴定结论，拿到省医学会的鉴定结论后，A 市医院坚持认为李某剖宫产手术时并无肠管膨出造成损伤，术后也未因肠梗阻行胃肠减压，省医学会的鉴定结论完全属于主观臆断，遂向法院提出了司法鉴定申请。经过法院多次审核，认为省医学会的鉴定结论缺乏事实根据，有必要进行第三方的司法鉴定。本例争议的焦点在于从李某腹部取出的这块纱布是在哪次手术当中遗留的？认定了这一关键问题也便确定了过错责任方。2008 年 1 月 10 日，在医患双方的共同指定下，法院委托我中心对上述问题进行鉴定。

三、鉴定过程

由于本案已进行过两次医学会鉴定，结论不同，我中心给予了高度重视，在接受了法院的委托后，我中心分别通知了李某、A 市医院和 B 市医院来我中心参加听证会。其中原告方李某和 A 市医院代表均准时到我中心参加了听证会，而 B 市医院则拒绝参加听证，只表示认可省医学会的鉴定结论并提交了书面意见，该院书面意见中将腹腔遗留纱布的问题坚持认为是 A 市医院所为：剖宫术的手术切口为下腹部，尤其在局部麻醉下进行有损伤肠管的可能。因为大部分回肠在下腹部及盆腔，局麻下因疼痛、牵拉刺激等，肠管膨出而损伤破裂、出血、溢出肠内容物，影响手术操作，便用纱布垫填塞止血阻止肠内容物流出，子宫手术操作完毕后做肠破裂修补术，忘了取出纱布才将纱布留置在了回肠之内。我院进行胆囊手术的切口是在右肋缘下，没有损伤回肠的可能，所以这个纱布垫肯定是在 A 市医院行剖宫产手术时留下的。

B 市医院所做的解释似乎天衣无缝，无懈可击，李某肠梗阻发生的时间、纱布的位置、肠梗阻的位置等因素均指向了 A 市医院的那次剖宫产手术，而 B 市医院所行右肋下胆囊切除术几乎没有将纱布塞入下腹部回肠肠管内的可能性。但是事实果真如此么？我中心鉴定人本着尊重科学、尊重事实的态度开展了此次鉴定。

首先，我们分别对送检的纱布垫（见附件十一图 1）及肠管（见附件十一图 2）进行了详细的检验：纱布垫是由 8 层纱布机缝制作，上面可见黄褐色沾染污秽物，实际大小为 38×

28cm，完整无破损。肠管由福尔马林固定，共两段，一段长14cm，另一段长10cm。14cm肠管的肠壁上可以见到一处直径为1.5cm的不规则破损穿孔，10cm肠管未见穿孔破裂，两段肠管均可见到不规则压痕，且两段肠管均未见到修补痕迹和白色线结。

检查完纱布垫和肠管后，所有的疑问均已一一解开：首先，一块8层38×28cm这么大的纱布垫是如何塞进肠管内的呢？正常人的小肠平均直径大小是4cm，回肠的平均直径是1.5～2.5cm，如此窄小的肠道截断后再塞入这么大一块纱布垫都很困难，又如何能从1.5cm的破裂口处塞入呢？就算真能塞进去，那么必然会在短时间内引起完全性肠梗阻，发病的时间更不会拖达8个月之久。就算能拖到8个月，肠管里的纱布垫在肠管的运动消化下应早已糟烂不堪，而不是我们所见到的较为完整的形态；其次，假设此次肠梗阻是由于纱布垫造成的，那么梗阻的部位必为此处纱布垫留置的部位，梗阻处应在手术的切除范围之内，且吻合的回肠两端均应为正常肠管端端吻合，而纱布则应位于切除的肠管之中，那么在手术切除时就不易看见肠管之内的纱布；再次，我们对两段肠管进行检验时，并没有见到任何白色缝线，且肠管长度及形态与手术记录中所描述的完全不符，肠管上仅有一处1.5cm的破损穿孔，并非病历上所描述的多处破损。此时，我们完全可以认定，B市医院手术记录完全是弄虚作假，没有事实依据，该纱布是在腹腔里，并非肠管内。

这时，有人会问，就算B市医院手术记录不实，也不能排除该纱布是A市医院所留啊，不然李某为什么会在剖宫产手术之后发生肠梗阻呢？首先，如果这么大一块纱布是A市医院所留，在胃肠的不断蠕动下，不可能在8个月之后李某才发展为不能进食、排便困难的地步。另外，产妇产后卧床缺乏运动，加之剖宫产手术对胃肠造成了一定刺激，降低了胃肠蠕动，很多产妇都会出现不排气的现象，所以，医院有时会让产妇在产后服用一些促进胃肠蠕动药物，鼓励产妇下床活动以促进排气，所以李某产后发生肠梗阻、肠积气的表现就不足为奇了。更重要的是，经过我中心鉴定人仔细审查李某在B市医院的两次病历，发现前后两次手术的第一术者均系同一个人，这也就解释了B市医院病历作假的原因。

经过上述分析讨论后我中心鉴定人形成了一致意见：被鉴定人李某腹腔内的纱布是B市医院行胆囊切除术所留。该鉴定结论最终也得到了法院的认可和采信。

四、案后思考

在鉴定过程中，我们也未曾想到案件事实会以这样的一个结果呈现在我们的面前，当一切尘埃落定后，惊讶之余，本案也让我们这些司法鉴定人陷入了长久的思考：我国的医患关系之所以会日益紧张，除了与人们法律意识增强、患者期望值过高、目前的医学水平局限有关外，是否也应该考虑医者自身的问题？我国是一个有十三亿人口的大国，每天患病就诊的人数庞大，而有限的医疗资源不得不超负荷的为这些患者服务，这就会导致医务人员在紧张的诊疗过程中出现疏忽，手术中腹腔遗留纱布最多是医务人员责任心问题，但是伪造病历，故意嫁祸于其他医院，以使自己免责便上升到医德医风及个人修养的层面了。医患关系属于被动型关系，即医务人员完全主动，患者完全被动，医生的权威性不宜受到任何怀疑，患者也不会提出任何异议，每个医务人员均肩负着患者的健康甚至生命职责，所以在医务行业中除了要求医生具有过硬的专业水平外，高尚的职业道德、良好的工作作风也是防范医疗纠纷的前提，这就需要医务人员、医疗机构甚至国家法律层面予以足够重视。

另外，从司法鉴定工作的角度来讲，医疗技术鉴定是一项极为严肃的工作，它所作出的意见可以协助司法机关查明事实的真相、性质、责任以及责任问题的主次，为达到公正而无徧袒，向司法机关提供科学证据，直接关系到医患双方的利益和名誉。这就要求司法鉴定人一定要保持清醒谨慎的头脑、尊重事实、独立鉴定，注重客观物证的检验，严禁主观臆断，要保证任何一个结论都有理有据，不受其他因素干扰，这样才能保证鉴定的公正性，还事实以真相。

（本案从李某腹中取出的纱布块见本书附件十）。

附　录

附录 1

北京华夏物证鉴定中心简介

北京华夏物证鉴定中心是 1993 年经中华人民共和国司法部批准（司发函［1993］254 号）成立的综合性专业司法鉴定机构，承接人民法院、检察机关、公安机关、国家安全机关、仲裁机构、律师、企事业单位、社会团体和公民个人的委托，为经济合同、民事纠纷、诉讼与非诉讼等案件提供司法鉴定服务。

2002 年，北京华夏物证鉴定中心首批通过了中华人民共和国司法部对全国司法鉴定机构司法鉴定资格审查，并获得了司法部颁发的《司法鉴定许可证》。

鉴定业务范围：法医临床鉴定；法医病理鉴定；文书司法鉴定；痕迹司法鉴定；微量物证鉴定；声像资料鉴定；法医物证鉴定。

北京华夏物证鉴定中心通过了中国合格评定国家认可委员会实验室认可（注册号：CNAS L3950）和检查机构认可（注册号：CNAS IB0278）、中国国家认证认可监督管理委员会计量认证（证书编号：2011001457Z）和审查认可（证书编号：20110000441）。这标志着北京华夏物证鉴定中心实验室具备了按有关国际认可准则开展司法鉴定和检测服务的技术能力。

北京华夏物证鉴定中心拥有国内一流的实验室和数十台现代化大型鉴定仪器设备，累计投资上亿元人民币。下设文痕实验室、法医病理实验室、法医物证实验室、声像资料实验室、电子物证实验室和微量物证实验室。

北京华夏物证鉴定中心现有司法鉴定人员 36 名，其中高级职称 30 人，有 6 人享受政府津贴。鉴定人助理 10 名，均具有本科以上学历，其他技术人员 8 名。是一支技术力量雄厚、专业分布合理、综合素质过硬的司法鉴定团队。

北京华夏物证鉴定中心自 1993 年成立以来，已承接了大量的司法鉴定、实验室检测工作，为国家、集体和个人财产不受损害，为公民的人身安全不受侵犯，提供了科学的法律依据和法律保护，得到了很好的社会效益，多次受到委托人的表扬。

中心的宗旨是：坚持独立办案、不受外界干扰，本着实事求是、以科学为依据、以法律为准绳的原则，为社会各界提供高质量的司法鉴定服务。

附录 2

北京华夏物证鉴定中心业务简介

一、文书司法鉴定

文书司法鉴定主要包括：笔迹真伪鉴定、印章真伪鉴定、文件形成时间鉴定、文件制作工具鉴定、伪造文件鉴定、纸张及笔墨成分鉴定等，具体如下：

（一）笔迹真伪鉴定

对可疑文件上的签名字迹或书写字迹是否为嫌疑人所写进行鉴定。

鉴定要求：

1. 检验材料（可疑文件上的签名字迹或书写字迹材料）原则上为原件，如确实无法提供原件，可根据具体情况而定。

2. 样本材料（嫌疑人真实的签名字迹或书写字迹材料）

原则上为原件。样本材料中的签名字迹或书写字迹与检验材料中的签名字迹或书写字迹应为同一时期（同一年，或上下相差两年为宜，特殊情况下，可根据案件具体情况再作具体分析）。

3. 样本材料中的书写字迹与检验材料中的书写字迹必须要有相同的字迹，原则上相同的字迹越多越好。

（二）印章印文真伪鉴定

对可疑文件上的印章印文真伪进行鉴定。

鉴定要求：

1. 检验材料原则上应为原件，且印章印文要清晰完整。

2. 样本材料应为原件，样本材料中的印章印文与检验材料中的印章印文应为同一时期（同一年，或上下相差两年为宜，特殊情况下，可根据案件具体情况再作具体分析）。样本材料中的印章印文要清晰完整。

（三）涂改、添加文书鉴定

对可疑文件上的字迹或书写内容是否存在涂改、添加等进行鉴定。

要求：检验材料必须是原件。

（四）印刷、打印、复印及传真等文件的鉴定

对可疑印刷、打印、复印及传真等文件真伪进行鉴定。

鉴定要求：

1. 检验材料必须是原件。

2. 有的案件需要有相应的同时期样本材料。

（五）打印字迹、书写字迹与印章印文的时序鉴定

对可疑文件上的打印字迹、书写字迹与印章印文的时序进行鉴定，以判断文件的真伪。

鉴定要求：检验材料必须是原件。

（六）印章印文形成时间鉴定

对可疑文件上的印章印文形成时间进行鉴定，此类鉴定在文检中属疑难鉴定案件。

鉴定要求：

1. 检材、样本必须是原件。

2. 历时性样本量充分。

（七）压痕字迹显现鉴定

对可疑纸张材料上是否有前页书写字迹的压痕进行检验。

鉴定要求：

检验材料不要受到污染，不要受到磨损、刮擦等，应放在物证袋中保存。

（八）其他情况

上述提到的七种鉴定是在文书司法鉴定中经常遇到的，但

也有一些鉴定是在上述鉴定中没有提到的，只能具体情况具体分析。

二、痕迹司法鉴定

痕迹检验一般分为手印（指纹和掌纹）检验、足迹检验、工具痕迹检验、枪弹痕迹检验、特殊痕迹检验。我们重点是针对手印痕迹、工具（碰撞）痕迹、部分特殊痕迹进行检验。

（一）手印（指纹与掌纹）同一性鉴定

检验材料必须是原件。

样本材料：提取当事人手印样本，不要用普通印泥（或印油），要用手印专用印油。提取指纹时，应将每个手指的左右侧面、指尖、指肚纹印尽可能完整提取。

（二）工具（碰撞）痕迹鉴定

通过对物体上留下的痕迹进行检验分析，来判断痕迹形成的方式及工具种类。

（三）枪弹痕迹鉴定

枪弹痕迹检验，一般通过对弹壳上痕迹、弹头上痕迹及射击残留物进行检验分析，来确定射击的枪种、枪支。

（四）特殊痕迹鉴定

除上述痕迹之外，在现场可能还有一些痕迹，如分离痕迹（如纸张被撕碎、衣物被撕开）、轮胎印痕等。

三、法医病理鉴定

研究涉及法律有关的伤、残、病、死的变化及发展规律，运用相关的医学专业知识解决有关暴力性和非暴力性死亡的死亡征象、死亡原因、死亡方式、死亡时间、死亡地点、个人识别，以及致伤物死亡推断和确定的一门科学。

1. 死亡原因的鉴定

通过尸体外表检查、尸体解剖检验、组织切片观察，对自然死亡（非暴力死）、非自然死亡（暴力死）进行鉴定。

2. 死亡方式鉴定

对确定是暴力致死的进行死亡方式的鉴定。如：自杀、他杀、意外死亡。

3. 死亡时间的推断

对人体死亡至尸体检验时所经过的时间进行推断。

4. 损伤时间的推断

对死者所受损伤是生前伤还是死后伤进行鉴定。

5. 致伤物的推断

根据死者所受损伤的形态特征进行致伤物的推断。

四、法医临床鉴定

应用临床医学和法医学的理论和技术，研究和解决与法律有关的人体伤、残以及其他生理、病理等医学问题的一门科学，是法医学一门重要的分支学科。

1. 医疗纠纷的鉴定

对患者和医院之间的医疗纠纷进行因果关系、过错鉴定以及医疗损害后的伤残等级、护理依赖程度、后续治疗费用、医疗终结时间、劳动能力进行鉴定。

2. 人身损害的鉴定

对意外伤害、故意伤害、交通事故所受人身损害进行伤残等级、护理依赖程度、医疗终结时间、后续治疗费用、劳动能力进行鉴定。

3. 人身伤害程度的鉴定

对故意伤害所造成的后果进行重伤、轻伤、轻微伤的鉴定。

4. 损伤机制的鉴定

对致伤原因（锐器、钝器、火器、物理、化学及生物）、性质（他杀伤、自杀伤及意外伤）、致伤工具的推断。

5. 损伤及疾病的因果关系鉴定

对当事人的损害后果是单纯因疾病引起，还是单纯因外伤引起；疾病、损害后果与外伤之间存在直接因果关系还是间接因果关系以及参与度进行鉴定。

五、声像资料鉴定

语音识别司法鉴定。语音识别技术主要是用来通过对案件中的录音检材和嫌疑人的录音样本进行比对，鉴定检材和样本中的语音是否为同一人所说。语音和指纹一样，成为了事实认定的重要证据。所以人们借助指纹这个词汇，把语音识别称作“声纹鉴定”。

声纹，也称“语图”，是由专用的电声转换仪器（语图仪）将声波特征绘制成波谱图形。声纹鉴定就是把未知人的语声和已知人的语声，通过语图仪分别制成声纹图谱，再依据声纹图上的特征进行分析、比较和判断，确定二者是否为同一人的语声。

（一）采集检材语声（录音）

在采集当事人的语声作检材时，录音宜采用高保真录音机。

（二）采集样本语声（录音）

应尽量保持同采集检材时相同、相近的语声环境、距离、设备及速度；并保证在样本中有与检材相同的词句，以供特征比对。

（三）鉴定范围

检材语音内容、检材与样本语音是否同一、检材录音是否有剪辑、对检材录音的环境噪声的处理。

六、图像司法鉴定

（一）低照度下的录像处理

适用范围：光线较暗情况下所拍摄的录像。如夜间所拍摄的录像资料中，由于光线不充足，目标物体或目标人不清晰，经处理后输出一张目标物体或目标人较清晰的图像。

（二）运动物体的录像

适用范围：所拍摄的运动物体或人的录像。如对运动的汽车进行拍摄，其汽车车牌或车门上的文字不清晰，经处理后可输出一张较清晰的图像。

（三）远距离拍摄的录像

适用范围：远距离拍摄的目标。如受条件限制，侦查人员只能在远距离监控目标，由于距离较远，目标物或目标人不清晰，通过处理，可以输出一张较清晰、放大的目标图像。

（四）背景噪声处理

适用范围：背景噪声较大的影像资料。由于拍摄条件限制，或从一段视频上截取的影像资料，背景噪声较大，目标物或目标人不清晰，通过处理，可以输出一张较清晰的目标图像。

（五）多画面分割

适用范围：多通道录像。有些公共场所的监控录像系统是将多个通道的录像通过处理变成一个文件输出，一般情况下观看该资料，是多个通道录像的画面交替出现。通过处理，可以将不同通道的录像分离，最后结果是以每个通道的影像资料为一个文件输出。

（六）运动拼贴

适用范围：由于受拍摄条件限制，运动的物体（如汽车）只能是局部依次经过镜头前面（如汽车开过时，由车头到车尾依次经过镜头前面），经过处理，可以将这些局部图像拼接成一个完整的目标图像。

（七）硬盘监控录像

适用范围：将硬盘监控录像格式转化成通行影像格式。目前不少监控录像系统自成一体，其拍摄的监控影像资料只能在硬盘中保留一段时间，文件格式也只能是用专有的播放器播放。通过处理，可以将特殊格式的影像文件转变成通用格式的影像文件，并且尽量保持原有影像质量。

（八）动态录像处理

适用范围：质量欠佳的录像。对质量欠佳的录像，经调整处理，可以改善录像质量。

（九）单张模糊图像

适用范围：有马赛克现象的单张图像经处理可以消除马赛克现象；由于运动原因造成图像模糊、因焦距未调整好的模糊图像、因光线较暗所拍摄到的模糊图像经处理可以使之清晰。

（十）注意事项

1. 非常重要的一点是，要对在工作中得到的影像资料进行拷贝，需要处理时只能针对拷贝的资料进行。

2. 在送检前，不要试图对影像资料进行压缩、剪辑、改变分辨率、转换存储格式等操作。

3. 对于单张图像，应尽可能提供原始的电子版文件。

4. 影像质量与拍摄环境、拍摄器材的质量、拍摄时的参数设置有关，直接影响到最终处理结果。

七、计算机司法鉴定

计算机司法鉴定是利用计算机数据恢复等技术手段对各种电子存储介质中的证据进行司法鉴定。主要包括如下内容：

1. 对单机取证、鉴定
2. 对网络或商业计算机取证、鉴定
3. 对其他电子存储取证、鉴定
4. 对移动电话取证、鉴定
5. 对无绳电话取证、鉴定
6. 对传真机取证、鉴定
7. 对智能卡和磁卡取证、鉴定
8. 对 ID 卡打印机取证、鉴定
9. 对扫描仪/打印机/复印机取证、鉴定
10. 对数字照相机/摄像机/录音机取证、鉴定
11. 对个人数据助理/手提电脑取证、鉴定
12. 对安全防范系统取证、鉴定
13. 对电子邮件追踪、取证、鉴定

八、微量物证

运用物理学、化学和仪器分析等科学方法，通过对有关物质材料的成分及其结构进行定性、定量分析，对检材的种类、检材和嫌疑样本的同类性和同一性进行鉴定。

1. 无机物分析：

对送检材料（简称检材）中的无机元素、无机阴离子、无机阳离子的种类及含量进行检测，包括重金属检测、微量元素检测等。

2. 有机化合物分析：

对送检的有机化合物进行定性分析，确定化合物的结构，对于可以提供标准品的化合物还可以进行定量分析，测定该物质的含量。包括有毒有害化学品、农药、毒品、兴奋剂等的分析。

3. 食品检测：

对送检的食品（包括粮食、蔬菜、水果、肉、蛋、禽、水产品等45类食品）中的农药残留、微生物、抗生素、添加剂、重金属等的限量进行检测。

4. 环保分析：

（1）空气质量检测：

可以对家庭空气质量检测、办公环境空气质量检测、建筑工程空气质量检测、环境空气质量检测、车内空气质量检测。

（2）装修材料污染检测：

对粘合剂、水性涂料、聚氨酯涂料、溶剂型木器涂料等装修材料中有害物质如甲醛、苯系物、挥发性有机物、卤代烃、重金属等的限量等进行检测。

（3）对土壤中的重金属、氟化物指标进行检测。

（4）对地表水中的有机物和无机物进行鉴定。

附录 3

北京华夏物证鉴定中心专家出版的书籍和学术论文

一、出版书籍情况

(一) 翟建安

1.《实用法医学辞典》
2.《警用法医学》
3.《道路交通法医学》
4.《刑事科学技术》
5.《法医损伤学教程》。

参与编写:

6.《法医学》
7.《法医病理学》
8.《中国法医实践》等书的编写。

（二）庄洪胜

1.《人身伤残鉴定与赔偿指南》

2.《伤残鉴定与国家赔偿》

3.《伤残鉴定与保险赔偿》

4.《伤残鉴定与劳动事故》

5.《伤残鉴定与交通事故》

6.《伤残鉴定与产品责任》

7.《伤残鉴定与医疗事故》

8.《损伤性疾病鉴定与赔偿》

9.《人身伤残鉴定与赔偿指南（新编本）》

10.《伤残鉴定与保险赔偿（增修本）》

11.《伤残鉴定与国家赔偿（增修本）》

12.《保险欺诈骗赔特征与对策》

13.《伤残鉴定与劳动事故（新编本）》

14.《伤残鉴定与产品责任（新编本）》

15.《伤残鉴定与赔偿手册》

16.《伤残鉴定与交通事故（新编本）》

17.《罪犯保外就医的鉴定》

18.《精神病的医学鉴定》

19.《人身伤害案件有争议的医学鉴定》

20.《人身保险意外伤害残疾给付标准理解与适用》

21.《最新伤残伤病鉴定标准与赔偿操作规范实务全书》上、中、下三部

22.《人身伤害疑难案例评析与控辩指南》上、中、下三部

23.《伤残鉴定与赔偿全书》上、中、下三部

24.《公安道路交通管理工作实用手册》

25.《现代检察工作基层建设管理实用手册》

26.《最新人身损害鉴定与处理手册》上、下两部

27.《人体损伤鉴定标准条款释义与司法鉴定操作全书》上、中、下三部

28.《最新医疗事故技术鉴定与纠纷处理全书》

29.《工伤和职业病致残程度与工伤保险待遇支付手册》

30.《人身伤残鉴定与赔偿指南（修订本）》

31.《人身伤残鉴定司法实务》

32.《损伤性疾病鉴定与赔偿（新编本）》

33.《交通事故伤残鉴定与赔偿》

34.《劳动事故伤残鉴定与赔偿》

35.《医疗事故伤残鉴定与赔偿》

36.《医疗事故分级标准解读与适用》

37.《人身保险伤残鉴定与赔付》

38.《保险欺诈骗赔特征与鉴定》

39.《人身伤残鉴定与国家赔偿》

40.《消费者伤残鉴定与赔偿》

41.《未成年伤残鉴定与赔偿》

42.《法医鉴定证据与诉讼运用》

43.《精神病司法鉴定实务》

44.《保险理赔比例表解读实务》

45.《职业病鉴定与赔偿操作实务》

46.《道路交通安全法及交通事故伤残鉴定标准与赔偿》

47.《人身保险赔案调查处理手册》上、下两部

48.《最新服刑人员保外就医操作实务手册》

49.《保护学生合法权益及伤害事故纠纷处理实务操作手册》

50.《消费者权益保护典型案例评析》

51.《未成年保护典型案例评析》

52.《劳动与职业病伤残典型案例评析》

53.《人身保险事故典型案例评析》

54.《医疗损害典型案例评析》

55.《道路交通损害典型案例评析》

56.《重大案件现场勘查与调查取证实用全书》上、下两册

57.《重大疾病保险实务操作手册》上、下册

58.《人身损害赔偿疑难案例专家点评》

59.《医疗纠纷法医鉴定与处理实用手册》

60.《新编劳动伤残鉴定与赔偿（第三版）》

61.《交通事故侵权责任损害鉴定与赔偿》

62.《医疗纠纷侵权责任损害鉴定与赔偿》

63.《侵害人身健康权鉴定与国家赔偿》

64.《最新伤残鉴定与赔偿标准及操作规范实务全书（修订本）》共五册

65.《精神病司法鉴定与强制医疗》

66.《职业病鉴定与处理》

67.《禁止结婚疾病与优生指南》

68.《人民警察意外伤害防范与处理实务全书》

（三）杨春松

参与编写出版《文书物证司法鉴定务实》

主编：《华夏二十年经典案例选》

（四）胡志强

《校园伤害的鉴定与赔偿》

（五）周琳娜

参与编写出版《声像资料司法鉴定务实》

二、近三年我中心年轻鉴定人发表论文情况

1. 杨春松、陈维娜、范心乐：《一起采用多项技术鉴定笔迹签名的案例分析》发表在《文件检验实践精粹》。

2. 杨春松、沈亚中、陈维娜：《高仿真书画检验方法初探》在“第一届司法鉴定理论与实践研讨会”上进行交流。

3. 陈维娜等：《同版原子印章真伪鉴别的方法初探》发表在“第六届全国文检学理论与实践研讨会”。

4. 陈维娜、郭惠、范心乐：《浅析言语识别中的方音特征变化规律》发表在“第六届全国文检学理论与实践研讨会”。

5. 范心乐、陈维娜：《司法鉴定中检验高仿真书画方法初探》发表在《黑龙江科技信息》。

6. 杨春松、沈亚中、范心乐、李春明、刘立鹏：《几种常见朱墨时序检验方法的实验研究》在“2013 司法鉴定理论与实践研讨会”上进行交流。

7. 沈亚中、范心乐、杨春松、李春明、刘立鹏：《从同版

印章及高仿真印章的检验谈印章防伪》发表在“2013 司法鉴定理论与实践研讨会”。

8. 沈亚中、范心乐、杨春松、李春明、刘立鹏：《多焦点显微成像技术对朱墨时序检验研究》发表在“2013 司法鉴定理论与实践研讨会”。

9. 沈亚中、范心乐、杨春松、刘立鹏：《荧光显微镜法检验朱墨时序的研究》发表在“2013 司法鉴定理论与实践研讨会”。

10. 范心乐、沈亚中、杨春松、李春明、刘立鹏：《减层剥离法检验朱墨时序再探究》发表在“2013 司法鉴定理论与实践研讨会”。

11. 范心乐、沈亚中、杨春松、刘立鹏、李春明：《浅谈几起摹仿签名笔迹的检验》发表在“2013 司法鉴定理论与实践研讨会”。

12. 李影、庄洪胜、郭殊嘉：《胎儿畸形医疗纠纷法医学鉴定 12 例分析》发表在《法医学杂志》。

13. 李影、宋世强、胡志强：《腰部过伸致脊髓损伤法医学鉴定 2 例》发表在《法医学杂志》。

14. 梁锋、李影、胡志强：《糖皮质激素不良反应在医疗纠纷鉴定中引发的思考》发表在《中国卫生法制》。

15. 李影、梁锋：《双肺移植引发医疗纠纷的思考》发表在《中国卫生法制》。

16. 梁锋、李影、胡志强：《大剂量应用激素致病毒疹的司法鉴定 1 例》发表在“第一届司法鉴定理论与实践研讨会”。

17. 郭殊嘉、胡志强、寇兴华：《糖皮质激素治疗肾脏疾病死亡 1 例》发表在“第一届司法鉴定理论与实践研讨会”。

18. 李影、梁锋、胡志强：《输血感染丙肝的法医学鉴定 1

例》发表在“第一届司法鉴定理论与实践研讨会”。

19. 李影、胡志强、梁锋：《术后腹腔内遗留纱布医疗纠纷1例》发表在《医疗损害司法鉴定研讨会论文集》。

20. 李影、胡志强、梁锋：《感染性心内膜炎法医学鉴定1例》发表在《医疗损害司法鉴定研讨会论文集》。

21. 金怡珠、崔效义、陈维娜、郭惠：《一起产权纠纷案件的声纹鉴定》发表在《文件检验实践精粹》。

22. 郭惠、范心乐：《一起被鉴定人声音小的声纹鉴定案例分析》发表在《黑龙江科技信息》。

23. 金怡珠、郭惠、陈维娜：《应用于声纹鉴定的相似语言片段检索系统》获“第一届司法鉴定理论与实践研讨会”优秀论文奖。

24. 金怡珠、陈维娜、郭惠：《基于多信道维语语音数据的自动声纹识别技术研究》发表在“第一届司法鉴定理论与实践研讨会”。

25. 周琳娜、范心乐：《基于SIFT圆形描述符算子的复制粘贴取证技术》在“第一届司法鉴定理论与实践研讨会”上进行交流。

26. 陈维娜：《沈阳市不同年龄群体人方音特征变化的调查与分析》发表在“第九届中国语音学学术会议”（PCC2010）。

27. 胡志强：《再论鉴定的本质属性和体制改革》发表在“第一届司法鉴定理论与实践研讨会”。

附录4

北京华夏物证鉴定中心率先获得国家级实验室认可和检查机构认可

中国合格评定国家认可委员会

实验室认可证书

（注册号：CNAS L3950）

兹证明：

北京华夏物证鉴定中心

北京市海淀区西三环北路27号北科大厦9层，100089

符合 ISO/IEC 17025：2005《检测和校准实验室能力的通用要求》（CNAS-CL01《检测和校准实验室能力认可准则》）的要求，具备承担本证书附件所列检测服务的能力，予以认可。

获认可的能力范围见标有相同认可注册号的证书附件，证书附件是本证书组成部分。

签发日期：2011-08-31

有效期至：2014-08-30

初次认可：2009-03-13

更新日期：2011-08-31

中国合格评定国家认可委员会授权人

中国合格评定国家认可委员会（CNAS）经国家认证认可监督管理委员会（CNCA）授权，负责实施合格评定国家认可制度。CNAS是国际实验室认可合作组织（ILAC）和亚太实验室认可合作组织（APLAC）的多边互认协议成员。

No.CNAS AL 1　　0001882

China National Accreditation Service for Conformity Assessment

LABORATORY ACCREDITATION CERTIFICATE

(Registration No. CNAS L3950)

Beijing Huaxia Evidence Identification Center

9/F., Beike Building, No.27, Xisanhuan North Road,

Haidian District, Beijing, China

is accredited to ISO/IEC 17025:2005 General Requirements for the Competence of Testing and Calibration Laboratories(CNAS-CL01 Accreditation Criteria for the Competence of Testing and Calibration Laboratories) *for the competence of testing.*

The scope of accreditation is detailed in the attached appendices bearing the same registration number as above. The appendices form an integral part of this certificate.

Date of Issue：2011-08-31

Date of Expiry：2014-08-30

Date of Initial Accreditation：2009-03-13

Date of Update：2011-08-31

Signed on behalf of China National Accreditation Service for Conformity Assessment

China National Accreditation Service for Conformity Assessment (CNAS) is authorized by Certification and Accreditation Administration of the People's Republic of China (CNCA) to operate the national accreditation schemes for conformity assessment. CNAS is the signatory to International Laboratory Accreditation Cooperation Multilateral Recognition Arrangement (ILAC MRA) and Asia Pacific Laboratory Accreditation Cooperation Multilateral Recognition Arrangement (APLAC MRA).

No.CNAS AL 2　　0002070

北京华夏物证鉴定中心率先获得国家级实验室认可和检查机构认可

中国合格评定国家认可委员会

检查机构认可证书

（注册号：CNAS IB0278）

兹证明：

北京华夏物证鉴定中心

北京市海淀区西三环北路27号北科大厦九层，100089

符合 ISO/IEC 17020：1998《各类检查机构运行的基本准则》（CNAS-CI01《检查机构能力认可准则》）A类的要求，具备承担本证书附件所列检查服务的能力，予以认可。

获认可的能力范围见标有相同认可注册号的证书附件，证书附件是本证书组成部分。

发证日期：2011-08-31

有效期至：2014-08-30

初次认可：2011-08-31

更新日期：2011-08-31

中国合格评定国家认可委员会授权人

中国合格评定国家认可委员会（CNAS）经国家认证认可监督管理委员会（CNCA）授权，负责实施合格评定国家认可制度。CNAS是国际实验室认可合作组织（ILAC）的正式成员和亚太实验室认可合作组织（APLAC）的多边互认协议成员

No CNAS AIB 1　0000196

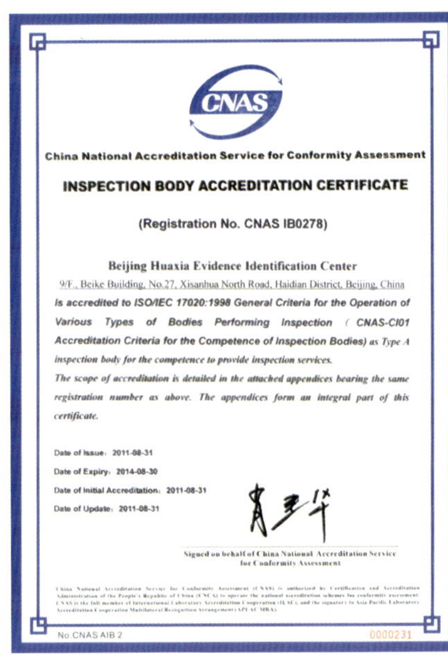

China National Accreditation Service for Conformity Assessment

INSPECTION BODY ACCREDITATION CERTIFICATE

(Registration No. CNAS IB0278)

Beijing Huaxia Evidence Identification Center

9/F., Beike Building, No.27, Xisanhua North Road, Haidian District, Beijing, China

Is accredited to ISO/IEC 17020:1998 General Criteria for the Operation of Various Types of Bodies Performing Inspection (CNAS-CI01 Accreditation Criteria for the Competence of Inspection Bodies) as Type A inspection body for the competence to provide inspection services.

The scope of accreditation is detailed in the attached appendices bearing the same registration number as above. The appendices form an integral part of this certificate.

Date of Issue：2011-08-31

Date of Expiry：2014-08-30

Date of Initial Accreditation：2011-08-31

Date of Update：2011-08-31

Signed on behalf of China National Accreditation Service for Conformity Assessment

China National Accreditation Service for Conformity Assessment (CNAS) is authorized by Certification and Accreditation Administration of the People's Republic of China (CNCA) to operate the national accreditation schemes for conformity assessment. CNAS is the full member of International Laboratory Accreditation Cooperation (ILAC), and the signatory to Asia Pacific Laboratory Accreditation Cooperation Multilateral Recognition Arrangement (APLAC MRA).

No.CNAS AIB 2　0000231

北京华夏物证鉴定中心率先获得国家级资质认证及先进集体荣誉证书

附录5

北京华夏物证鉴定中心仪器设备

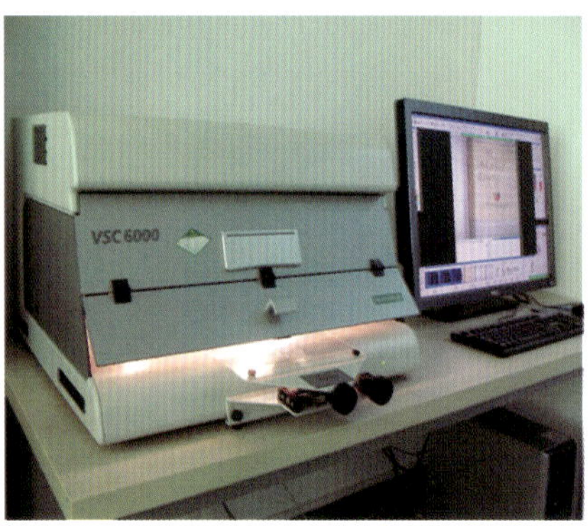

英国法司特公司
VSC6000 型文检仪
主要用于文书检验

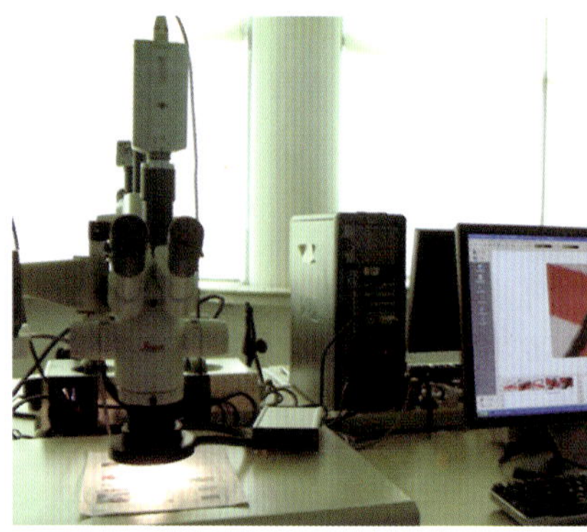

德国莱卡公司Leica M205FA型
荧光立体显微镜
主要用于文件、痕迹检验

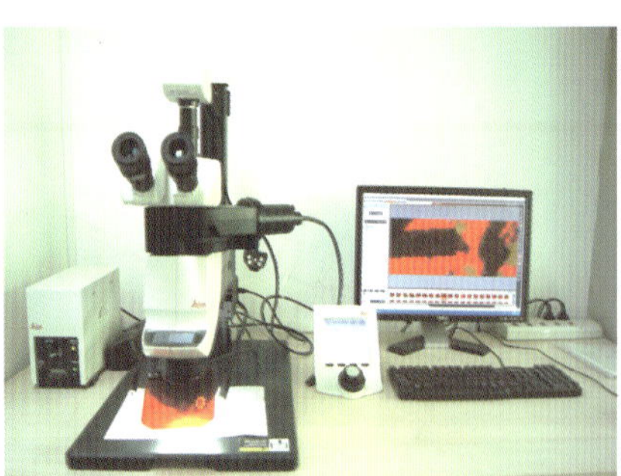

德国莱卡公司Leica MZ12.5型
立体显微镜
主要用于文件、痕迹检验

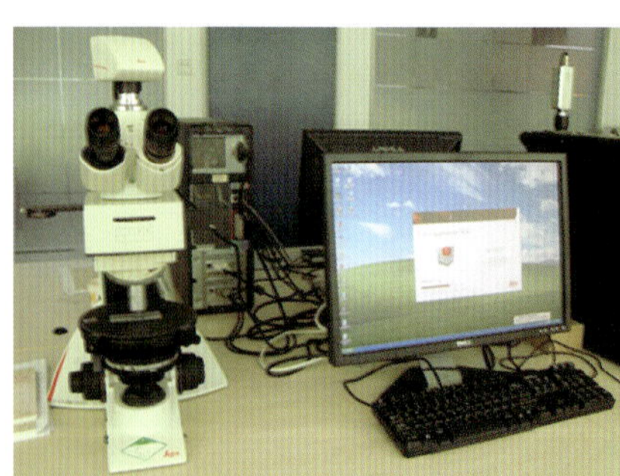

德国莱卡公司Leica DM2500P型
偏振光显微镜
主要用于文痕检验、微量物证检验

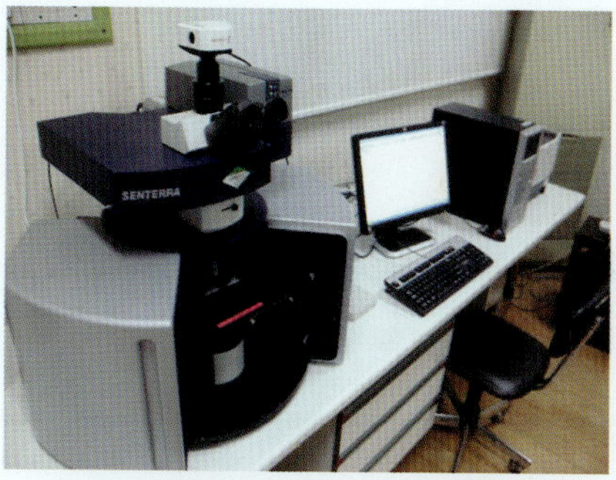

德国布鲁克公司SENTERRA型
激光拉曼光谱仪
主要用于笔墨、印油等
化学成分检验

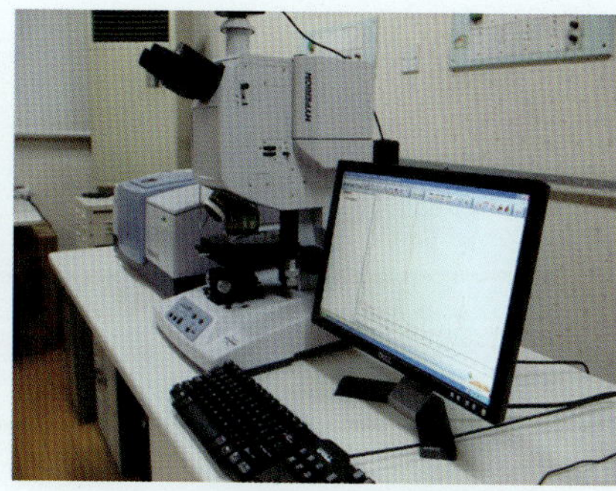

德国布鲁克公司TENSOR27型
显微红外光谱仪
主要用于笔墨、印油等
化学成分检验及微量物证检验

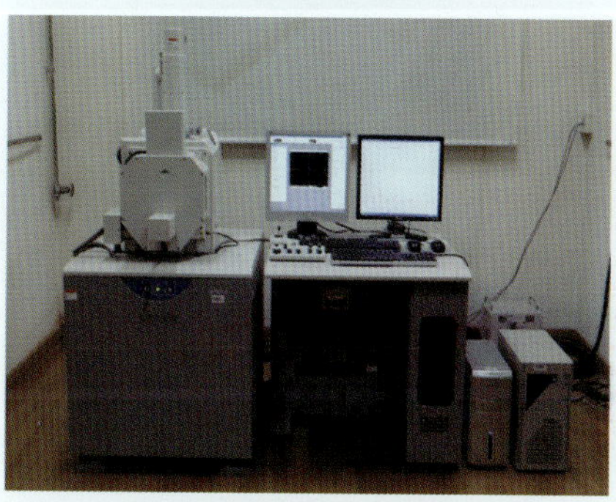

日本日立公司 S3700N 型
扫描电子显微镜
主要用于文件、痕迹检验及
微量物证检验

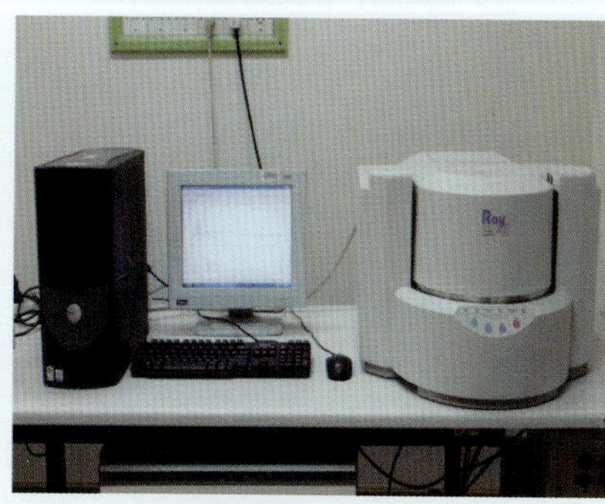

日本岛津公司 EDX-700 型
X射线荧光光谱仪
主要用于文件、痕迹检验及
微量物证检验

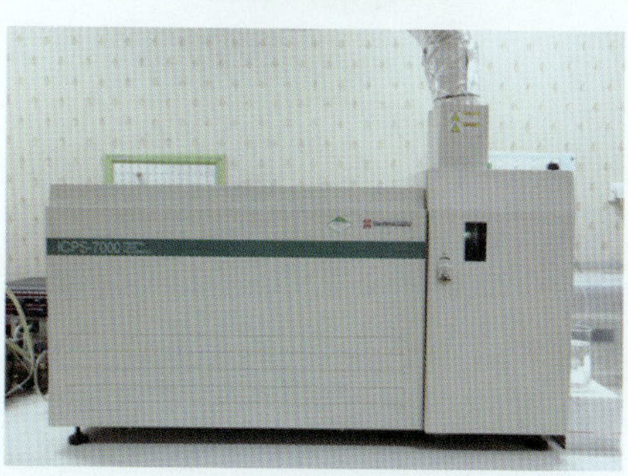

等离子发射光谱仪
化学分析

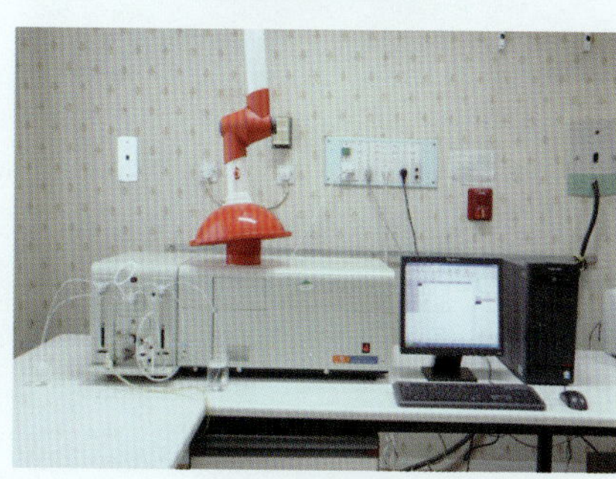

原子荧光仪
化学分析

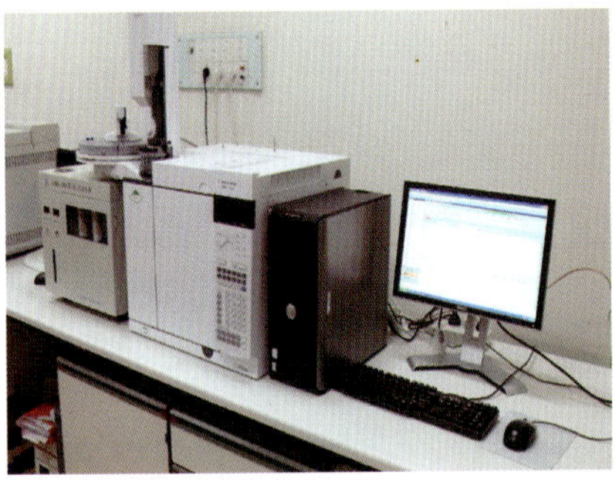

气相色谱仪
美国安捷伦公司
化学分析

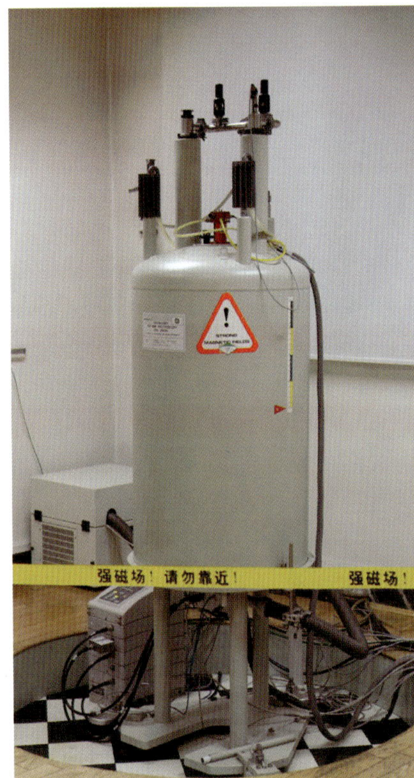

气相色谱仪
日本岛津公司
化学分析

超导核磁共振谱仪
德国布鲁克公司
化学分析

气相色谱室
化学分析

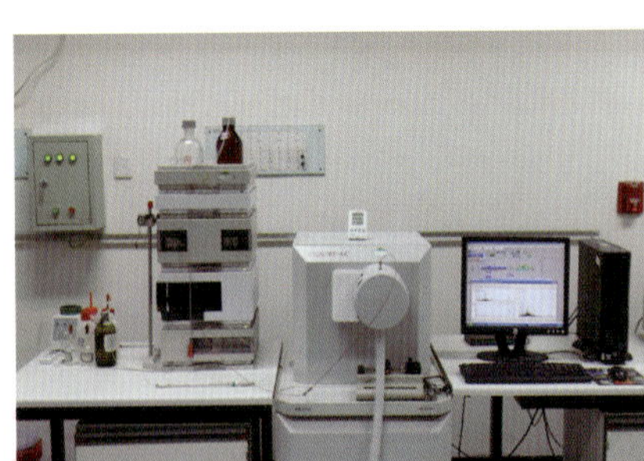

液相色谱–质谱联用仪
德国布鲁克公司

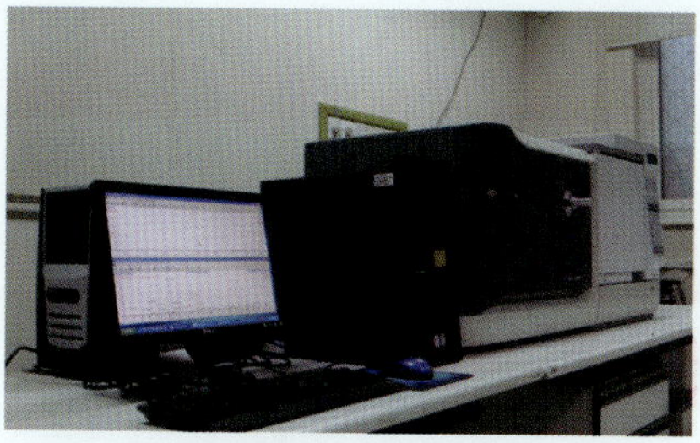

气相色谱-质谱联用仪
美国Water-GCT Premier

液相色谱仪
日本岛津公司

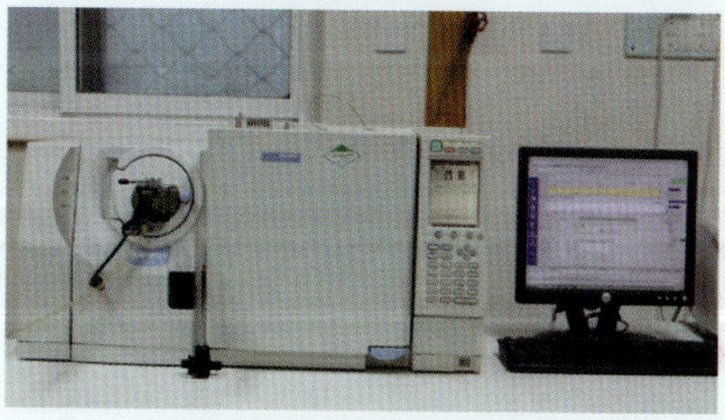

气相色谱-质谱联用仪
日本岛津公司

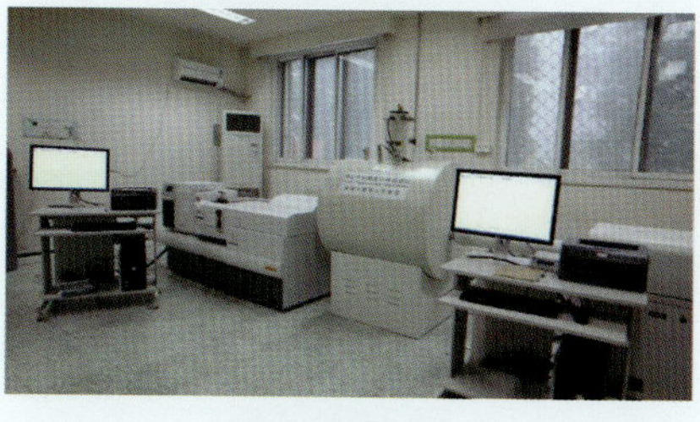

高分辨质谱仪
美国瓦里安公司

附　件

附件一《是华南虎，还是纸老虎》案例

（一）送检的华南虎部分照片如下：

1. 华南虎006.jpg　拍照时间：2007-10-3 16:38:28

2. 华南虎008.jpg　拍摄时间：2007-10-3　16:38:57

3. 华南虎009.jpg　拍摄时间：2007-10-3　16:39:59　该照片使用了闪光灯

4. 华南虎013.jpg 拍摄时间：2007-10-3 16:48:24

5. 华南虎024.jpg 拍摄时间：2007-10-3 16:52

6. 华南虎040.jpg　拍摄时间：2007-10-3 17:03:08

（二）浙江义乌威斯特印刷厂印制的“鑫龙墙画 TQ8301”

（三）照片上的“华南虎”与年画上老虎的比对检验结果认为：照片中“华南虎”与年画上老虎的卧姿和身上的条纹完全一致

华南虎006. jpg

年画上的老虎图案

（四）“华南虎006.jpg”拍摄于16:38，“华南虎040.jpg”拍摄于17:03，两者相隔20多分钟，但两张照片上老虎的姿势、神态等完全一致

华南虎006. jpg

华南虎040. jpg

附件二 《小心拍卖会上“高仿真书画”陷阱》案例

1. 手绘作品《山水画册》中部分笔画细节特征检验结果

2. 手绘作品《行书手卷》中部分笔画细节特征检验结果

3. 喷墨打印的“高仿真书画”《XXXX图立轴》中部分笔画细节特征检验结果

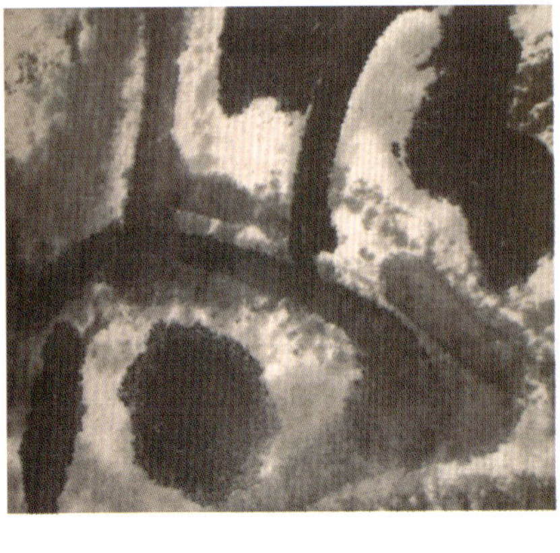

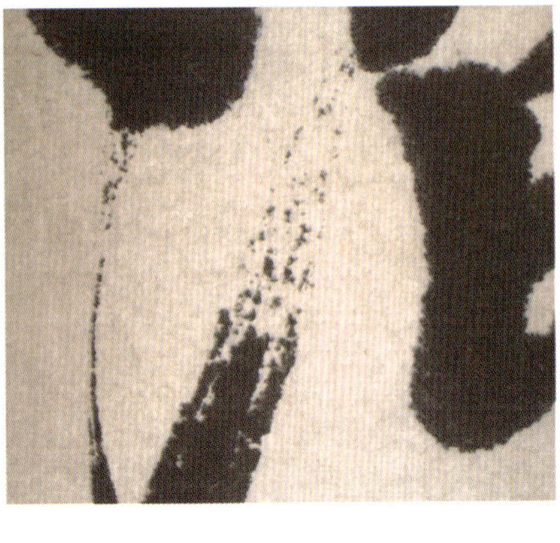

附件三《两起发人深省的变造签名字迹鉴定案》案例

案例一

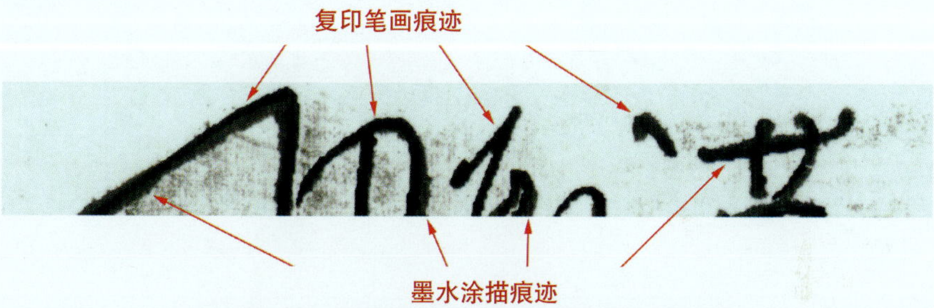

图1 检材上“郭某某”签名字迹（局部）放大检验

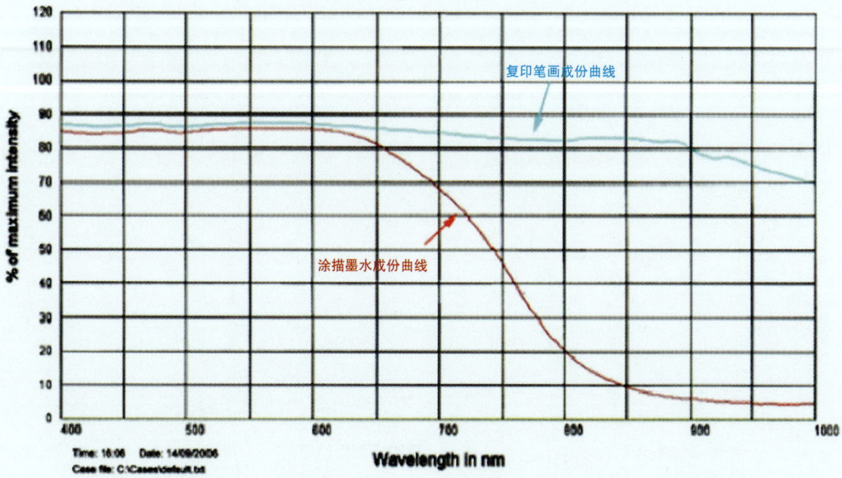

图2 检材“郭某某”签名字迹同一笔画不同位置的红外吸收曲线

案例二

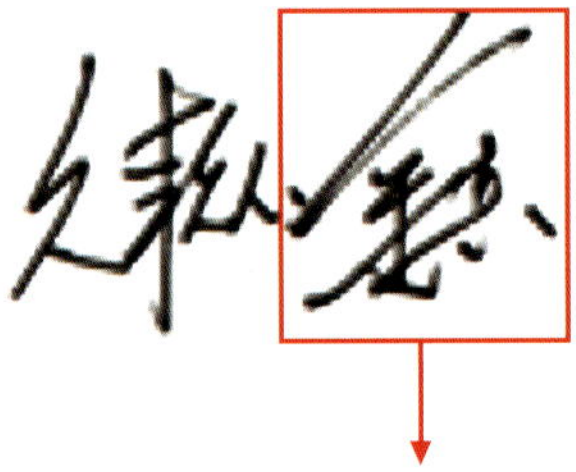

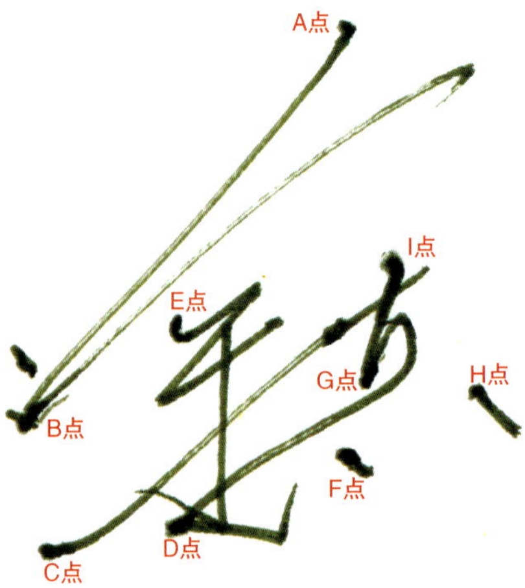

图3 检材上金某签名字迹

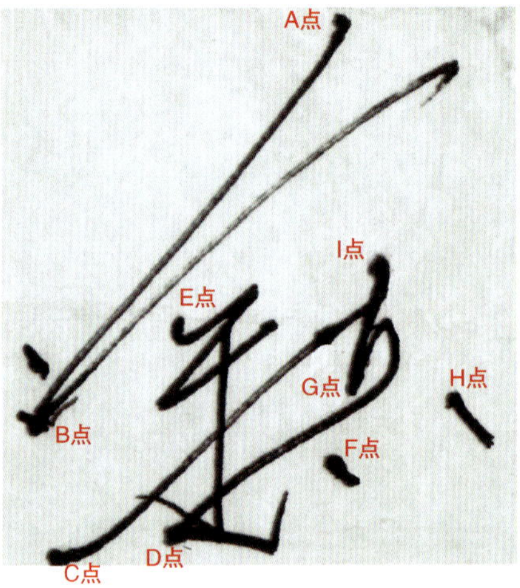

图4 文检仪在波长601nm 时观察的现象

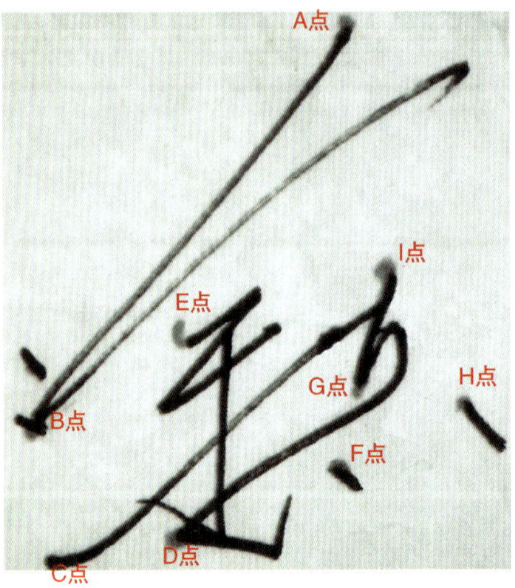

图5 文检仪在波长 802nm 下观察的现象
添加笔画痕迹开始消退

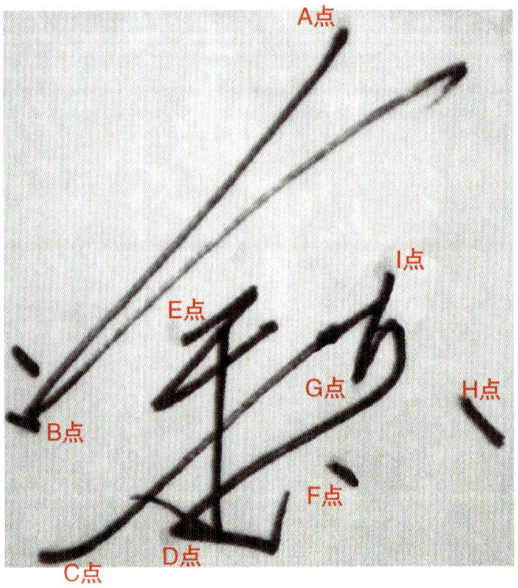

图6 文检仪在波长930nm 下观察的现象
添加笔画痕迹基本消退

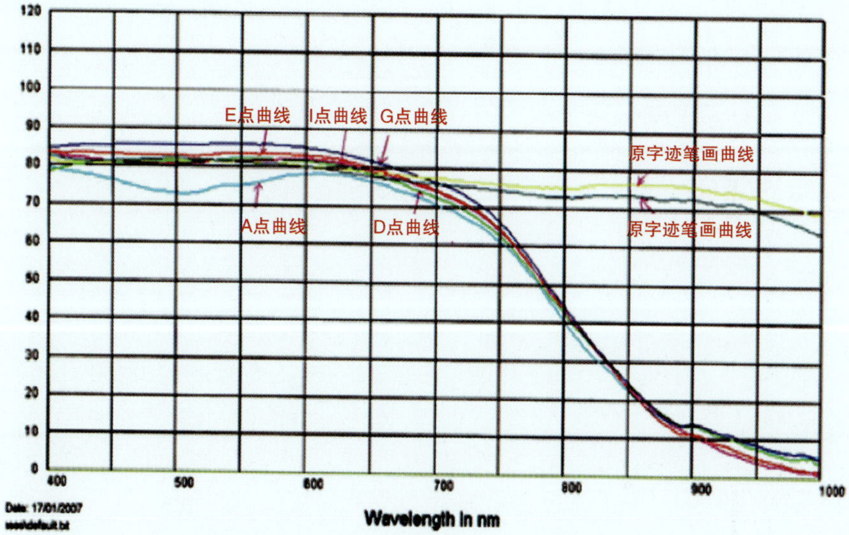

图7 添加笔画和原字迹笔画墨水吸收曲线存在明显差异

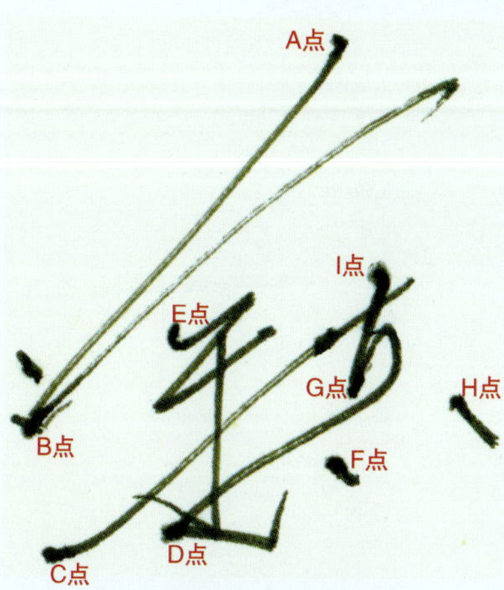

图8 图像处理前金某签名

图9 图像处理后金某签名

附件四 《小墨点背后隐藏的大秘密》案例

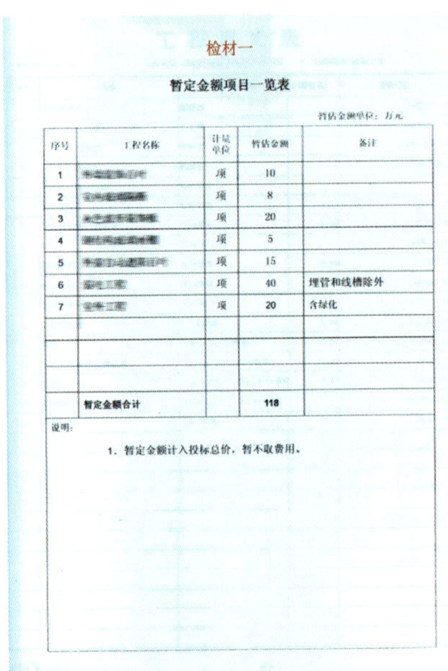

检材一

暂定金额项目一览表

暂估金额单位：万元

序号	工程名称	计量单位	暂估金额	备注
1	[illegible]	项	10	
2	[illegible]	项	8	
3	[illegible]	项	20	
4	[illegible]	项	5	
5	[illegible]	项	15	
6	[illegible]	项	40	埋管和线槽除外
7	[illegible]	项	20	含绿化
	暂定金额合计		118	

说明：

1、暂定金额计入投标总价，暂不取费用。

图1

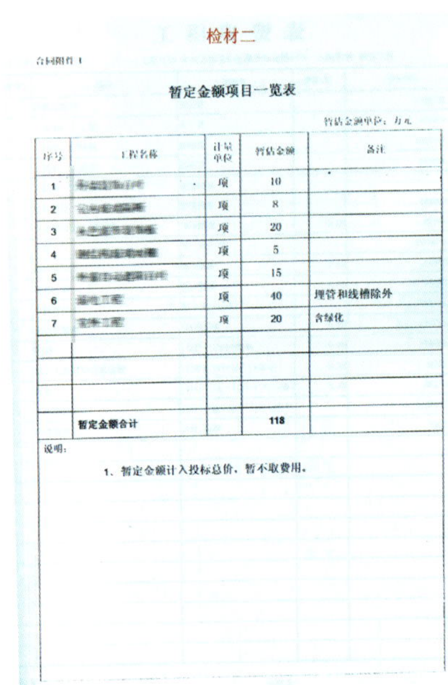

检材二

合同附件1

暂定金额项目一览表

暂估金额单位：万元

序号	工程名称	计量单位	暂估金额	备注
1	[illegible]	项	10	
2	[illegible]	项	8	
3	[illegible]	项	20	
4	[illegible]	项	5	
5	[illegible]	项	15	
6	[illegible]	项	40	埋管和线槽除外
7	[illegible]	项	20	含绿化
	暂定金额合计		118	

说明：

1、暂定金额计入投标总价，暂不取费用。

图2

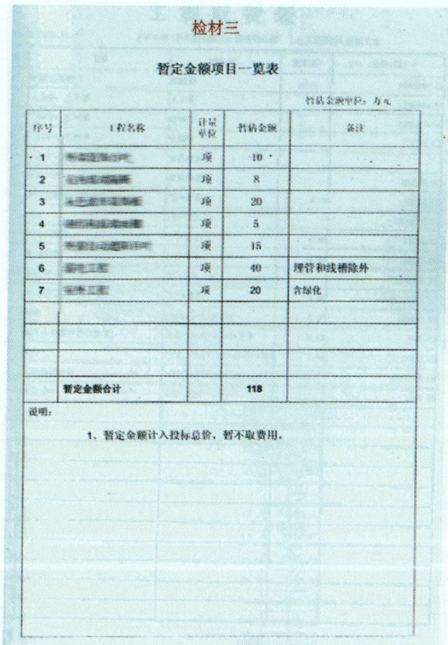

检材三

暂定金额项目一览表

暂估金额单位：万元

序号	工程名称	计量单位	暂估金额	备注
1	[illegible]	项	10	
2	[illegible]	项	8	
3	[illegible]	项	20	
4	[illegible]	项	5	
5	[illegible]	项	15	
6	[illegible]	项	40	埋管和线槽除外
7	[illegible]	项	20	含绿化
	暂定金额合计		118	

说明：

1、暂定金额计入投标总价，暂不取费用。

图3

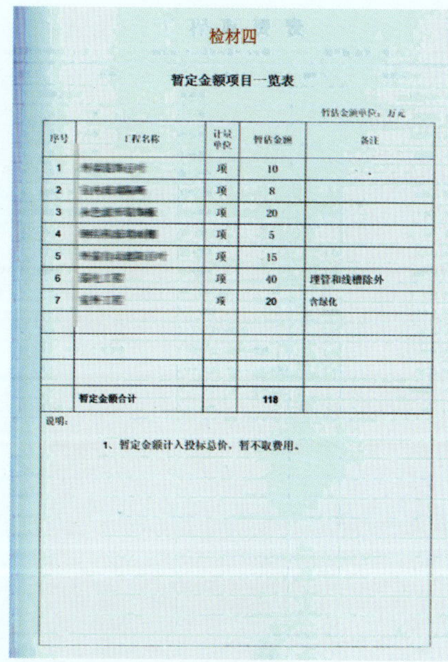

检材四

暂定金额项目一览表

暂估金额单位：万元

序号	工程名称	计量单位	暂估金额	备注
1	[illegible]	项	10	
2	[illegible]	项	8	
3	[illegible]	项	20	
4	[illegible]	项	5	
5	[illegible]	项	15	
6	[illegible]	项	40	埋管和线槽除外
7	[illegible]	项	20	含绿化
	暂定金额合计		118	

说明：

1、暂定金额计入投标总价，暂不取费用。

图4

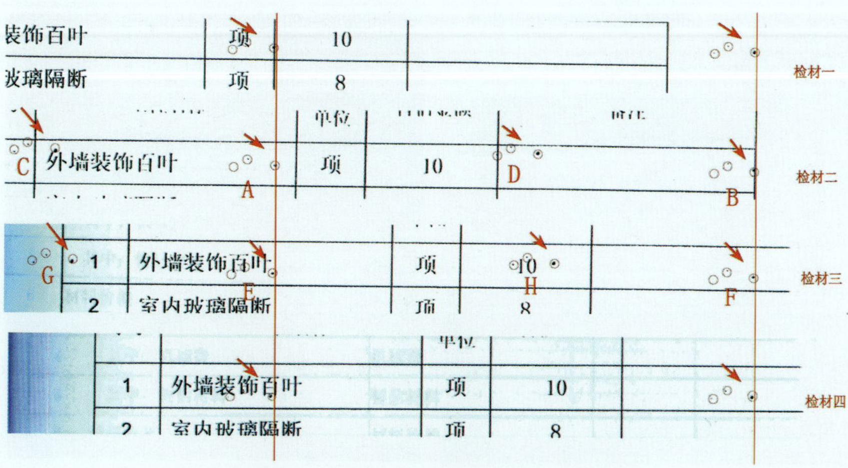

图5 四份检材上墨点痕迹分布特征比对

附件五 《找回失去的记忆》案例

案例一

记事本
正面封皮

记事本
背面封皮

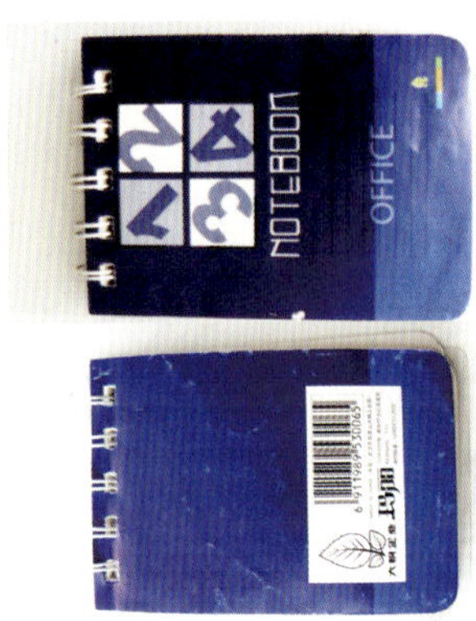

图1

记事本中
有书写
字迹页

记事本中
空白页

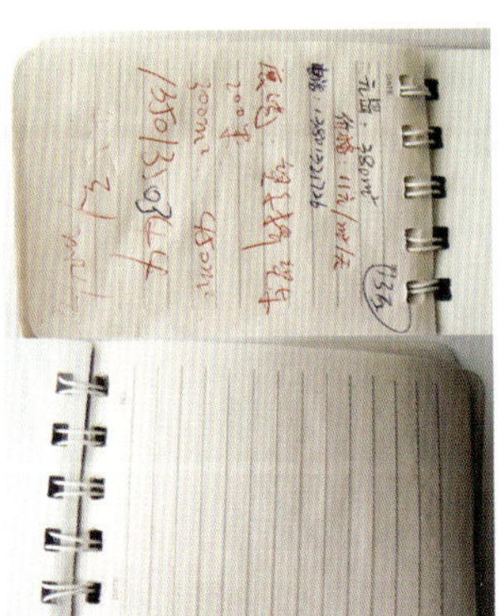

图2

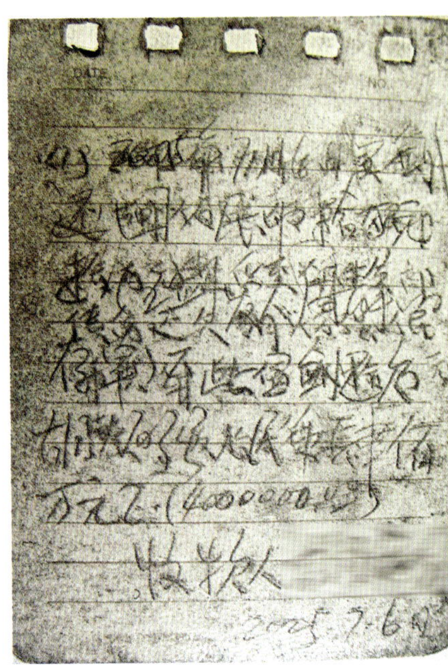

图3

案例二

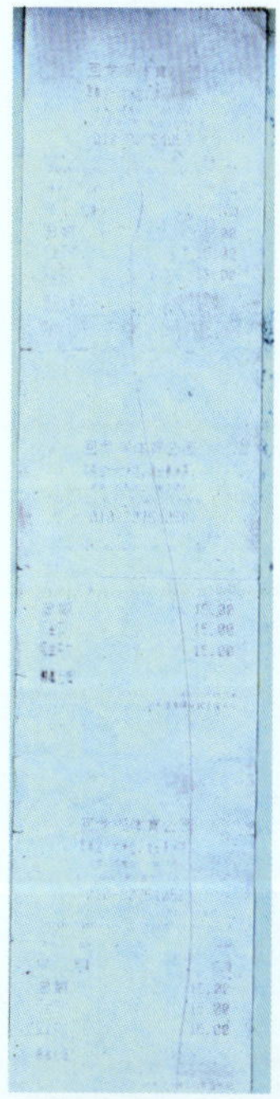

图4

图5

图6

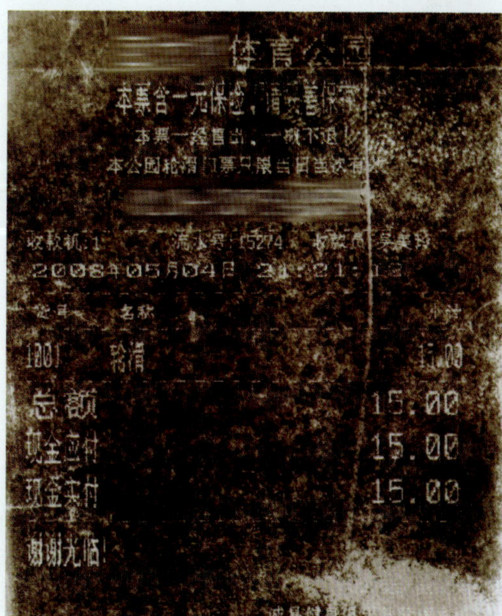

图7

附件六：《打击侵权 还原创者一片净土》案例

案例一

图1 检材

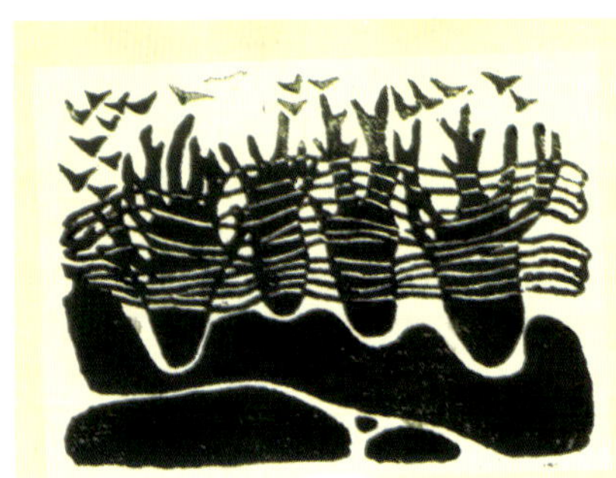

图2 样本一

图3 样本二

图4 样本三

图5 样本一和样本三重合比对

图6 样本二和样本三重合比对

图7 检材和样本二重合比对

案例二

图8 左侧为酒标一、右侧为酒标二

图9 左侧为样本一、右侧为样本二

图10 样本一和样本二（蓝色）重合比对

图11 酒标一和样本一（蓝色）重合比对

图12 酒标二和样本二（蓝色）重合比对

附件七 《银行短款追还未果，监控视频大显神通》案例

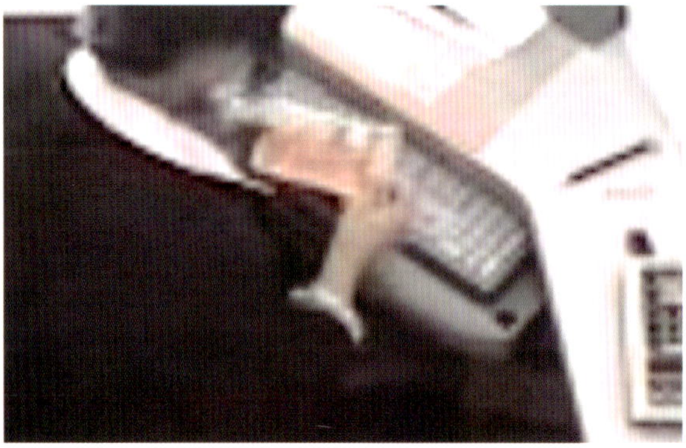

图1 交易过程中的一帧图像画面(局部)

图2 银行柜员手中所持港币第一张(即最上面一张)示意图

附件八 《金手链究竟是谁的？》案例

图1 诉争手链外观

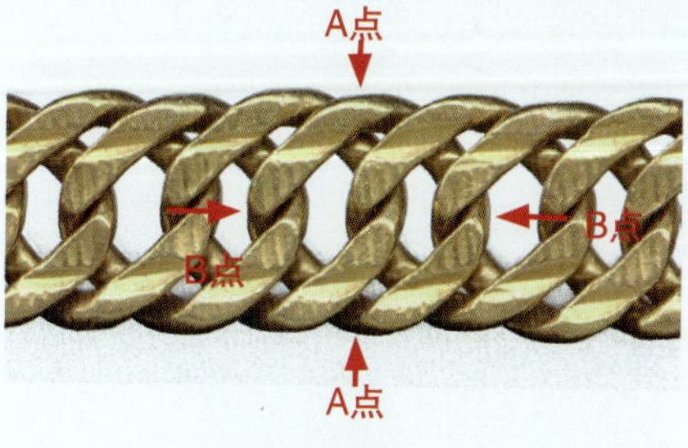

图2 手链为两环重叠相扣，每一环呈不在同一平面的菱形

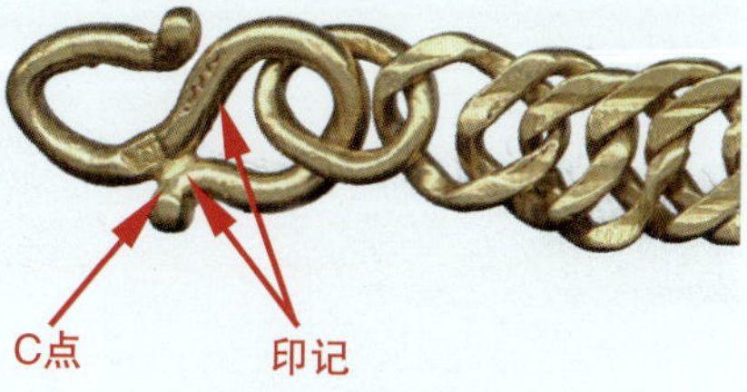

图3 手链S端

图4 手链O端

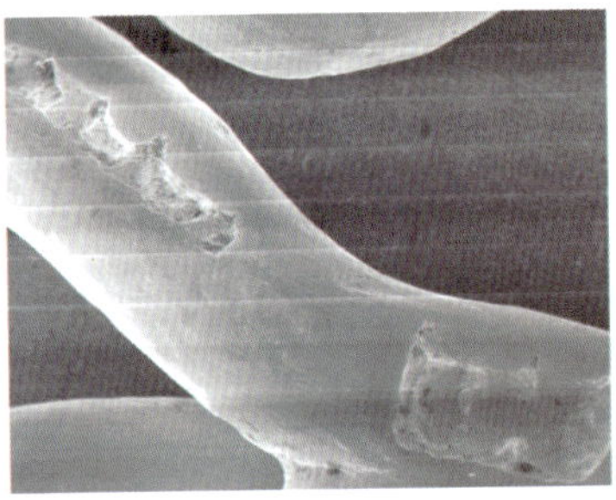

图5　金铺标记不能辨认

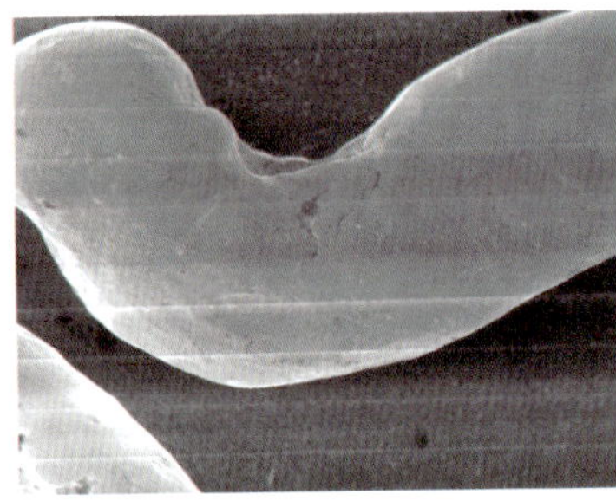

图6　S端加工痕迹

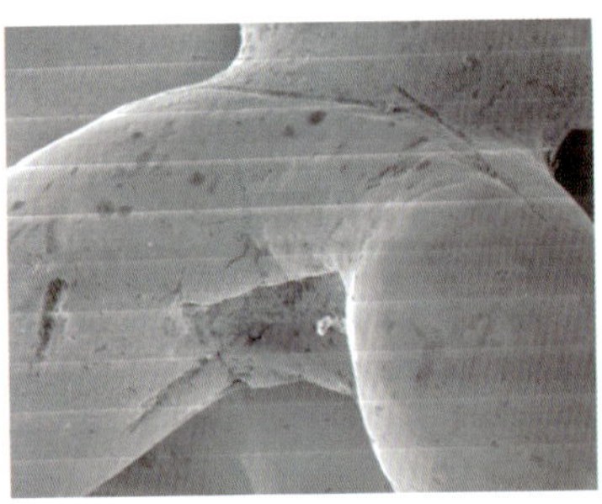

图7　S端裂纹

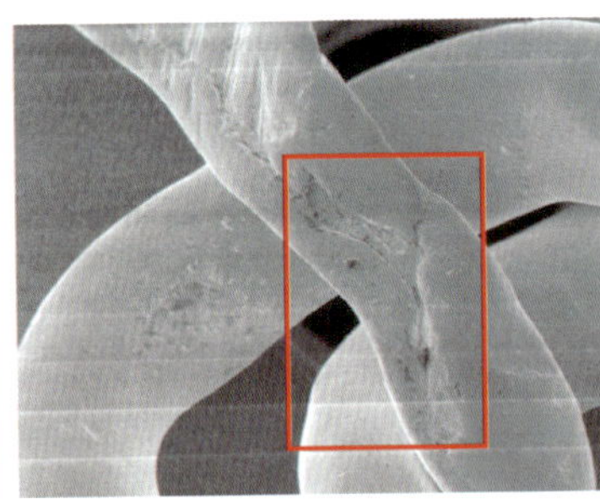

图8　O端第一环

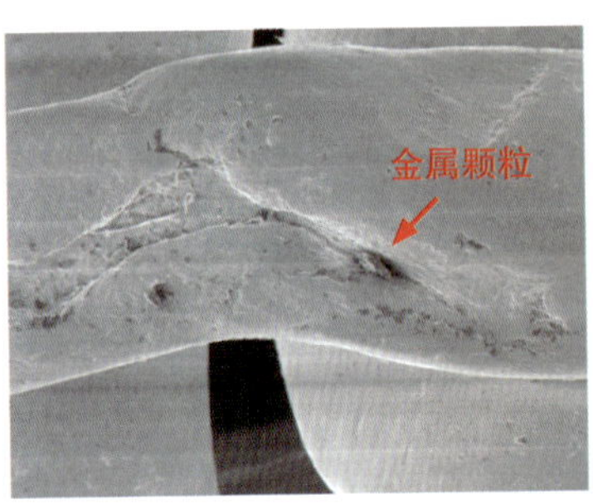

图9　图8局部放大

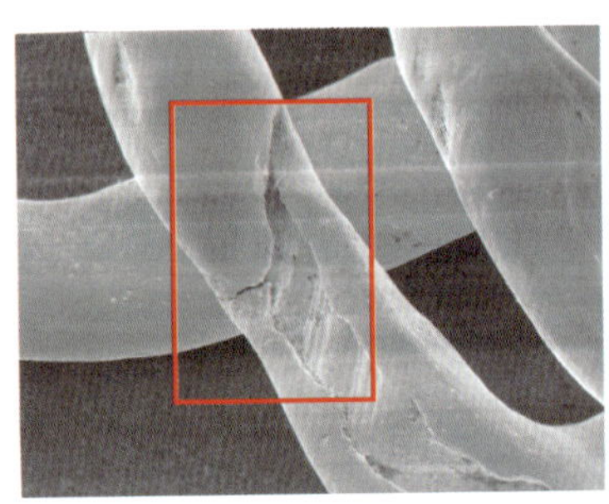

图10　O端第二环

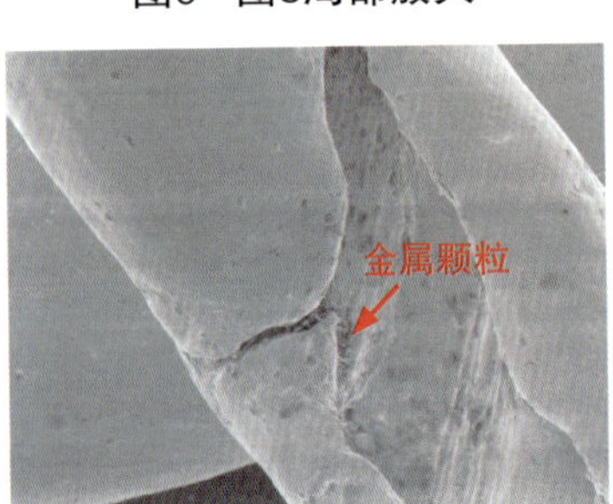

图11　图10局部放大

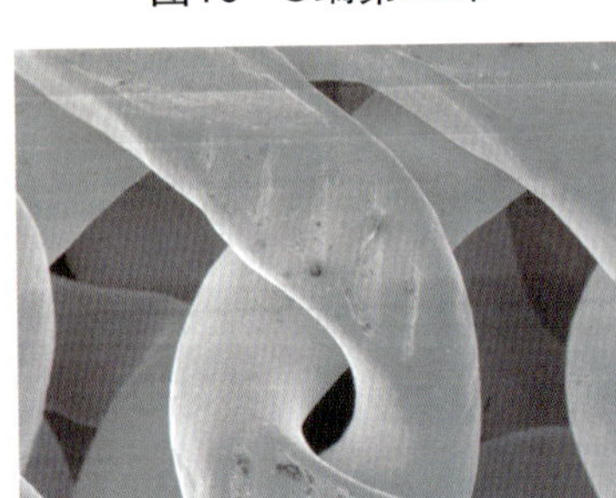

图12　正常花纹

附件九 《谁是驾驶员？》案例

图1 事故现场情况

图4 副驾驶座椅上的血迹

图2 车辆撞毁情况

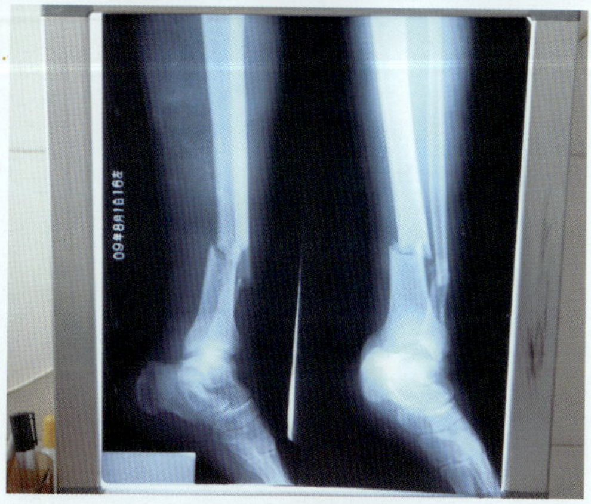

图5 田某腿部骨折影像照片

图3 副驾驶前挡风玻璃
受损情况

附件十 《谁在腹腔遗留了纱布》案例

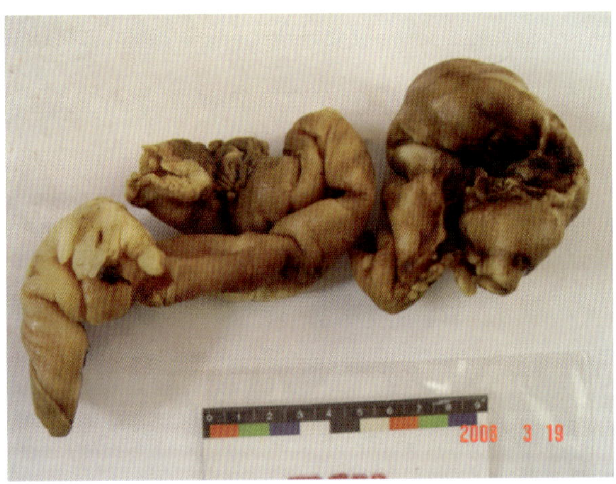

图1 从李某腹中取出的纱布块

图2 从李某腹中取出的纱布块

图书在版编目（CIP）数据

华夏二十年经典案例选 / 杨春松主编. —北京：时事出版社，2013.7

ISBN 978-7-80232-622-4

Ⅰ.①华… Ⅱ.①杨… Ⅲ.①物证—司法鉴定—案例—中国 Ⅳ.①D919.2②D918.9

中国版本图书馆 CIP 数据核字（2013）第 146547 号

出 版 发 行：时事出版社
地　　　址：北京市海淀区巨山村 375 号
邮　　　编：100093
发 行 热 线：（010）82546061　82546062
读者服务部：（010）61157595
传　　　真：（010）82546050
电 子 邮 箱：shishichubanshe@sina.com
网　　　址：www.shishishe.com
印　　　刷：北京百善印刷厂

开本：787×1092　1/16　印张：14.25　字数：166 千字
2013 年 8 月第 1 版　2013 年 8 月第 1 次印刷
定价：42.00 元
（如有印装质量问题，请与本社发行部联系调换）